受邀参加求职节目《非你莫属》，作为常驻嘉宾导师。

职场破局

受邀在南开大学做职场分享。

职场人最好的状态,并不是最初选择一份职业时就能获得的,而是一步步迭代出来的。

时代激荡变化,职场上已经不再有一劳永逸的选择,
与其焦虑迷茫,不如在改变中实现持续提升。

风险永远与机遇并存,时代变局中也潜藏着普通人的机会红利。

人生是一场目的地开放的长途旅行,必须有所经历,心态才会成熟;必须心态成熟,才能更好地审视与接纳自己的选择。

———— 最好的职业规划 ————

一个人的职业生涯就像一场棋局，好的棋手既会"谋局"，也会"破局"。

欲速则不达，正确的方法就是捷径。

好的赛道会带来持续成长的先发优势,但这不意味着处于落后赛道的人就没有机会后来者居上。

人生路上,"侧生长"与"正生长"同样重要。　　正确方向 × 刻意练习 = 快速成长。

眼前择优

逻辑思维决定一个人看问题的角度、
解决问题的思路,
最终也会决定一个人的发展际遇。

所谓深耕,就是不断拆解逻辑,反复练习,达到目标的过程。

人脑就像电脑，如果能在里面预装更多系统，读懂世界的效率就会翻倍，人生体验也会翻倍。

动态调整

职场破局

职业规划导师
阿宝姐 著

湖南文艺出版社　博集天卷
·长沙·

© 中南博集天卷文化传媒有限公司。本书版权受法律保护。未经权利人许可，任何人不得以任何方式使用本书包括正文、插图、封面、版式等任何部分内容，违者将受到法律制裁。

图书在版编目（CIP）数据

职场破局 / 阿宝姐著 . -- 长沙：湖南文艺出版社，2025.3. -- ISBN 978-7-5726-2285-4

Ⅰ . C913.2-49

中国国家版本馆 CIP 数据核字第 2025Y7U275 号

上架建议：畅销·成功励志

ZHICHANG POJU
职场破局

著　　者：	阿宝姐
出 版 人：	陈新文
责任编辑：	何　莹
监　　制：	于向勇
策划编辑：	刘洁丽
文案编辑：	罗　钦　赵　静
营销编辑：	时宇飞　黄璐璐　刘　爽
封面设计：	利　锐
版式设计：	李　洁
内文排版：	麦莫瑞
出　　版：	湖南文艺出版社
	（长沙市雨花区东二环一段 508 号　邮编：410014）
网　　址：	www.hnwy.net
印　　刷：	三河市天润建兴印务有限公司
经　　销：	新华书店
开　　本：	680 mm × 955 mm　1/16
字　　数：	253 千字
印　　张：	18
插　　页：	4
版　　次：	2025 年 3 月第 1 版
印　　次：	2025 年 3 月第 1 次印刷
书　　号：	ISBN 978-7-5726-2285-4
定　　价：	58.00 元

若有质量问题，请致电质量监督电话：010-59096394
团购电话：010-59320018

写给阿宝姐和她的新书的推荐语

结识阿宝姐已近十五载,我见证了她始终保持进取之心,在职场中不断精进,突破自我,从普通职员成长为年薪百万的职场精英,再到成为职场规划导师。更令人敬佩的是,她始终怀揣初心,致力于帮助更多职场人入局、破局,在变局时代找到自己的职业竞争力。《职场破局》是她十余年深耕职场规划领域的经验结晶,更是一部实战性极强的职业发展指南,不仅汇聚了她多年来在职场打拼的深刻思考,也展现了她始终如一地助力他人成长的初心与实践。

——徐爽

博雅公关亚太区首席增长官、董事总经理

破局才能跃迁!我的职业经历从金山到腾讯、小米,再到投身具身智能创业,每一次破局跨界都是挑战,也是跃迁。阿宝姐在《职场破局》中分享了众多职场关键话题,能帮大家少走弯路,不断完成自我跃迁。推荐给每一位渴望在职场中突破自我的朋友,相信它是你在前行路上的得力助手。

——唐沐

影智科技创始人、CEO,小米公司生态链前副总裁,腾讯用户体验设计中心前总经理

《职场破局》是一部充满智慧的职场生存指南。面对今天行业更迭加速,岗位边界模糊,职业坐标跳跃的现实,阿宝姐以局内人的具身体验与咨询师的洞见眼光,帮助读者在这个晃动、紧绷的时代重构自己的

职场竞争力。希望这本书能为更多人的职业破局提供启发，能为处在职业焦虑中的你提供出路与慰藉。

——熊浩
复旦大学法学院副教授、院长助理

作为阿宝姐曾经的领导，我见证了她从一名二本院校毕业生逆袭成为百万年薪职场精英的全过程。她以亲身经历淬炼60多个实战锦囊，直击职场各类痛点。《职场破局》既有她跨越学历壁垒、打破行业偏见的奋斗路径，还提炼了一套普通人皆可借鉴、复制的成长法则。若你渴望在不确定时代掌控职业发展主动权，此书是破局利刃。

——李伟杰
前管理咨询战略与并购顾问总裁

阿宝姐的《职场破局》展示了她丰富的实战经验，是一本充满智慧的职场指南。无论你是职场新人还是资深人士，这本书都能为你提供清晰的思路和实用的工具，助你在职场中游刃有余。强烈推荐！

——刘希平
万博宣伟中国区前董事长

阿宝姐的成长轨迹就是"职场破局"的最佳诠释，她的真诚和智慧让这本书兼具深度与温度。无论你是正在面对求职焦虑、转型困境、晋升瓶颈，还是渴望在职场中掌控主动权，此书都能帮助你构建持久的竞争力，在变局中"步步为赢"。

——Kevin Wang
嘉驰国际副总裁，猎聘网交付事业部前总经理阿宝姐基于德勤、奥美等头部企业管理视角，独创"行业+岗位+企业"三维定位模型，精准解决35岁职场分水岭的核心焦虑。特别建议职场人重点研读职业锚点诊断相关的内容，这本书的价值在于，用头部企业真实晋升案例替代鸡汤说教，为每个职场人在不同发展阶段提供可复制的跃迁路径。

——段冬

到家集团首席人才官，职场节目《非你莫属》常驻嘉宾

《职场破局》作为一部极为重要的作品，充分展示了阿宝姐作为职场导师对她的数百万粉丝产生的深远影响。书中的故事情节自始至终扣人心弦，出人意料的转折层出不穷，还巧妙融入了阿宝姐自己对职业发展的真知灼见与实用建议，足以让读者欲罢不能。《职场破局》不仅会让老粉们爱不释手，也必将征服初次接触她的新读者。绝对值得一读！

——Harvey Xiao

美国ACV公司企业发展与战略副总裁，德勤摩立特咨询北京及波士顿公司前总监

在我接触的创业者中，真正能穿越周期的领袖都具备一个共性：对行业本质的深度认知，以及将认知转化为行动的系统方法论。阿宝姐的新书恰恰为普通人打开了这扇认知升级的大门——它不是空中楼阁式的理论推演，而是用认知套利的底层逻辑，为职场人搭建了一套可落地的认知脚手架。

——赵甜

36氪基金合伙创始人

这是一本适合各职业发展阶段读者的书。阿宝姐以平实而不失风趣、实用又不失体系的手法，为读者总结了丰富的职业场景和应对技

巧。读者可以运用学习书中的方法论，把握职业发展的深层次规律，更好地理解自己的职业定位和发展方向，从而做出更加明智的职业决策。

——**刘宇曦**

普华永道、美世咨询前咨询顾问，龙湖集团、金辉集团、华夏幸福等多家头部企业前HRD

阿宝姐将她过去10多年在职场完美转身的过程和成功经验行文成书，让更多人可以受益。我相信无论你是初入职场的新人，还是遭遇发展瓶颈的中层管理，这本书都能为你提供一套可复制的破局之道。推荐给每一位不甘平庸的长期主义者——与其在迷茫中内耗，不如让阿宝姐带你找到破局的最优解。

——**王晰**

NBA中国前资深总监

看过《繁花》的人，都羡慕上海阿宝有个爷叔，带他在商场破局。在现实的职场上，又有谁来带你破局？10年来，我看着阿宝姐凭借自身的勤奋、执着与能力，破茧成蝶。所以这本书，或许可以带带你！

——**李胜峰**

天九共享集团董事，IBM全球企业战略前总经理，高盛、麦肯锡等机构前顾问

阿宝姐的新书就像她本人一样，犀利又暖心，堪称职场版"能量补给站"。如果你觉得职场像迷宫，这本书就是你的GPS；如果你觉得职场像战场，那阿宝姐就是你的军师。读完这本书，你可能会像她一样，能量满格，爱折腾，还能保持纯良——毕竟，这才是最高级的职场生存术！

——**霍娆**

外资咨询公司、500强国企、互联网大厂前人力资源高管

几年前我在准备一门新课，怕对大陆的职场环境不够了解，就问了身边的同事，有没有相关的信息可以参考……结果，三位不同背景的朋友，居然都传来同一个名字"阿宝姐"，说她的职场相关课程相当值得一看。如今，知道阿宝姐出书（居然现在才出书），作为曾经受益的读者，特别提醒大家一句：不要错过她的新书！

——**黄执中**

表达学堂院课程总监

作为投资人兼创业者，我推荐《职场破局》的三个核心价值：战略破局思维+系统竞争力构建+实战决策工具箱。十年沉淀的认知迭代方法论，正是寒冬期破局者亟需的生存指南。

——**杨蓉**

泰坦一诺资本创始合伙人，极米科技联合创始人

阿宝姐从二本院校毕业生成长为年薪百万的职业规划导师，这条"逆袭"之路没有戏剧性的运气加持，只有对自我的清醒认知与对趋势的精准把握。她在书中分享的"职场心法"让我深有共鸣：职业选择不是追逐风口，而是将个人特质与社会需求巧妙缝合。那些让你乐此不疲、浑然天成的个人优势，往往才是持久竞争力的源泉。

——**秦永笑**

鲁采品牌主理人，法国蓝带骑士勋章获得者

阿宝姐的成功一方面是基于她对职场环境的深度理解，另一方面也是基于她对未来职场发展趋势的准确预估和付诸实践的非凡勇气。很高兴看到阿宝姐可以把她去十几年所积累的实践、理论、方法和思考系统化地整理成册。我相信无论你是即将步入职场，还是正在寻求新的职场

转变，这本书都将使你受益匪浅。

——**朱仲瑶**

德勤摩立特、毕马威等国际知名咨询机构前咨询顾问

《职场破局》如同一柄精准的手术刀，为当代职场人解剖职业发展的底层逻辑。

——**应晓天**

游卡网络副总裁，互联网文创行业资深从业者

在这个因 AI 而被按下快进键的世界，大多数职业都不得不面临巨大改变和选择，阿宝姐的《职场破局》里就有应对改变的策略。从月薪3000到年薪百万一定不是按部就班和仅靠勤奋就可以实现的，答案就在这本新书之中！

——**魏佳星**

云蝠智能CEO

《职场破局》是阿宝姐用十年逆袭经历和无数案例总结出的职场"人间清醒指南"！推荐处于职场困惑的年轻人读一读，从中得到的认知收获将让你受益终生。

——**孙静博**

爱思益求职创始人、CEO，"2018年度中国教育领军人物奖"获得者

作者序

起点：迷茫中如何破局

我的职业生涯起点是迷茫的。三流学校毕业，零实习经验，连应届生的三方协议都没搞明白，就被一把推进了社会的洪流。第一份工作的选择是"没的选择"，直接走社招进了一家猎头公司——别觉得惊讶，猎头公司的准入门槛真不高。

在猎头公司的两年里，我学到了简历筛选及面试的基本功。最重要的是，我接触了几位高年薪的候选人，这激发了我的野心：我要打破学历魔咒，进头部公司拿高薪，和厉害的人共事！目标有了，但没有实现目标的路径。前期全靠自己摸索，每天下班我都会花两个小时给猎头公司数据库里的候选人打电话求教。仅这个简单的动作，我就坚持了8个月时间。当然，更多摸索、踩坑的教训和经验，留待本书后面的章节详细分享。总之，在之后的十来年时间里，经过几次180°的转行，我终于从月薪3000元的新人一步步跻身年薪百万的职场精英行列。

破局之后：从"帮人入局"到"自我入局"

当你在职场中取得一些成绩后，来找你寻求建议的人就会越来越多。亲戚、朋友，甚至朋友的朋友，都会来找你询问关于职场发展的建议。2013年，我开始利用业余时间为职场人士提供职业规划和面试辅导，还通过运营公众号分享职场经验。没想到，几篇爆款文章让我迅速积累了第一批粉丝。2015年左右,我的职业生涯"中断"了1年——我加入了一家头部求职机构,CEO给了我二把手的职位和20%的股份,看起来我好像马上就要在自己喜欢做的事情上"开花结果"了。

但是,我却再度陷入了迷茫。

我能帮学员进入顶尖公司,拿到高薪offer,但如果把我放到求职市场中,我能进入顶尖企业吗?我能真正与那些企业高管建立深度链接吗?如果把职场比作一场游戏,我的角色更像是"帮人入局"的引路人,而非"局中人"。说白了,我获得的社会标签和我理想中的"职场精英"有差别,这让我意识到,我需要一次新的"破局"。

于是,我选择了离职。回头看,这个决定是正确的。有很多毕业不久创业做求职机构的青年创业者,最终公司的发展上限往往就是自己职场阅历的上限。后来,我加入"大厂",在德勤摩立特等顶尖企业的职场经历,为我的职业规划思维注入了很多新东西,比如:数据分析和管理的结合、不同类型业务问题的解决策略、百万年薪职场精英的逻辑思维、管理层的决策模型、高效的汇报沟通方式……这里不一一展开阐述,你翻开这本书,就会顺着我的事业发展脉络,获得我在每一次真实职场事件后的经验。

升维:从"职业规划师"到"职场破局者"的双重蜕变

曾经,我对"职业规划"的理解是帮助别人明确职业定位,优化简历,提供面试指导。而现在,我觉得我是在做一家企业,刚刚提的这些服务固然是我的产品,但更重要的是,我要把它们串联起来形成完整的体系。借助这个体系,我希望帮助用户像规划公司商业模式一样,全方位、系统地规划自己的职业发展路径，进而实现职场状态整体意义上的"进阶"。甚至我还思考，在AI冲击现有职场结构的情况下，我的公司要扮演什么角色，又该如何帮更多人破局，走上适合自己、能够发挥自己最大价值的职业道路……

在辅导学员的过程中，我的方法论也实现了"升维"。过去，我提供的帮助是割裂的：找定位、改简历、辅导面试、提供职业建议。而现在，我会从全局视角深入剖析不同岗位在公司中的核心价值，再将之应用到岗位技能和简历制作及面试环节的深度关联中。我还设计了一套工具和方法，快速拆解岗位要求，让求职者得到优质工作的效率变得更高。不仅如此，我还将能力提升、时间管理、晋升策略、副业发展等融入其中，打造了一个全方位的职业发展支持体系，帮助更多人从迷茫中走出来，其中不乏年薪50万元甚至100万元以上的职场精英。他们运用我提供的方法论突破了职业瓶颈，取得了更大的成就。很多人评价，我的体系就像一张"职业地图"，将零散的经验整合成了一条清晰的路径。

十年磨一剑：从积累到沉淀，从经验到体系

10年时间，我从最开始写公众号，到后面持续辅导学员，再到做直播、拍短视频，积累的每一个值得分享的经验，我都认真记录了下来。我有一个小小的心愿，就是把这些经验汇聚起来，写成一本书，让它像"修炼秘籍"一样帮助更多人避免踩坑、走弯路。

2019年，我开始按照体系，把文字整理成书，并在此期间不断完善方法论，补充案例。经过多次修改和优化，如今它终于能以一个相对成熟的版本呈现给大家。这本书凝聚了我多年的心血，书写了我的成长之路，希望它能成为一份真诚的礼物。如果你能从中获得帮助，哪怕只是解决你求职路上的一个小困惑，我也会感到莫大的感动和由衷的快乐，

这就是我写这本书的意义。

经验毕竟是很个人化的东西，而我的水平还很有限，如果阅读这本书后，你有更好的建议，非常欢迎为我指出，我将不胜感激！

致谢：那些支持我破局的人

最后，我想感谢每一个在我职业生涯关键节点上支持我的人：在我转行时给我机会的企业和领导，在我创业时选择加入并全力以赴的伙伴，在背后默默支持我的家人，以及那些通过自媒体平台关注我、鼓励我的粉丝们。当然，我也要感谢那个始终努力、保持好奇心和探索欲的自己。这本书，凝聚了我10年的心血。希望它能成为你职业路上的一枚指南针，帮你找到属于自己的职场破局之路。

阿宝姐

2025年2月

CONTENTS

第一章
破局思维，求职就是看清趋势

告别迷茫，找准定位	003
发展前景好的行业有哪些？	011
什么是含金量高的岗位？	016
大公司"螺丝钉"VS 小公司"多面手"？	020
是选择去大城市工作，还是留在小城市？	023
个人优势和职业发展的关系	028
怎样才能拿到百万年薪？	032
到底是去上班，还是去创业？	036
如何选择求职方向？	040
考哪些证书能增加职场竞争力？	043
要不要考研、申博、出国？	048
35岁+才做职业规划，来得及吗？	053
人工智能影响下的未来就业方向	056

第二章
变局时代,如何高效拿到心仪 offer

不确定时代下的高效求职术	063
安排好求职时间,高效找到好工作	067
三步看懂招聘要求	073
不符合招聘要求,还要投简历吗?	076
招聘渠道的选择	079
缺乏成功项目经验,如何求职?	082
没有管理经验,如何求职管理岗?	086
求职中,有效借助猎头事半功倍	089
如何判断一家公司是否值得去?	093
如何权衡比较,选择offer?	095
如何高情商拒绝不想去的offer?	098
降薪的offer,能不能去?	100
背景调查的注意事项	102

第三章
面试的本质，是匹配你的职场优势

为什么你的简历总是石沉大海？	107
满分简历——"谋篇布局"	110
满分简历——"业绩成果量化展示"	115
内推与内推信	118
为什么你"一面就挂"？	121
这样的"自我介绍"，让面试官眼前一亮	124
如何回答常见的面试问题，核心技巧是什么？	127
高管面试时，需要特别注意什么？	130
如何催问面试结果？	134
如何谈到满意的薪资？	136
入职时间怎么谈？	140

第四章
放大优势，职场是修炼的道场

如何给出令领导满意的结果？	145
如何在现有的岗位上快速成长？	151
避免会做不会说，如何有效汇报？	157
如何向上管理，得到领导重用？	160
如何处理同事关系，避免踩坑？	163
如何度过职场倦怠期？	167
如何看待职场的中年危机？	171

第五章
升职加薪，晋升思维大于努力

明明很努力，却无缘升职加薪？　　　　　　　　179
如何找领导谈晋升涨薪？　　　　　　　　　　　183
晋升必备思维：数据思维　　　　　　　　　　　188
晋升必备思维：逻辑思维　　　　　　　　　　　193
晋升必备思维：解决问题思维　　　　　　　　　198
晋升必备思维：商业思维　　　　　　　　　　　201
晋升必备思维：管理思维　　　　　　　　　　　204

第六章
转行跳槽，升值"捷径"

转行跳槽是每个人的职场必修课　　　　　　　213
跳槽，你跳的是工资还是阶层？　　　　　　　219
怎么判断该不该跳槽？　　　　　　　　　　　221
要不要待满两年再跳槽？　　　　　　　　　　225
一年中的最佳跳槽时间是什么时候？　　　　　227
怎么判断该不该转行？　　　　　　　　　　　230
转行面临的不一定是降薪　　　　　　　　　　232
没有经验，如何成功转行？　　　　　　　　　235
如何与领导谈离职？　　　　　　　　　　　　238
跳槽可以跳回前东家吗？　　　　　　　　　　242

第七章
跳出圈层，善于经营自己

开启"多轨"人生，以最低风险拉高回报	247
全面梳理市场上的优质副业	252
如何挑选适合自己的副业？	256
如何接单与变现？	260
把"副业"变成"事业"的步骤	264
打开人生的无限可能	268

第一章 破局思维

求职就是看清趋势

想了那么多，做了那么多，我还是困在原地。

像所有遇到职业迷茫的人一样。

幸运的是，我最终摸到了解开锁扣的钥匙。

这把钥匙在未来又帮助了很多人。

告别迷茫，找准定位

一直找不到答案，可能是因为问错了问题。

2011年，我还在做猎头顾问。"我到底适合做什么？"这个问题的答案，我寻找了整整8个月，未果。

我利用接触不同行业候选人的机会，向他们一一问询：这份职业是做什么的？我的情况适合吗？8个月下来，我打了上千通电话，做了厚厚的一本笔记。得到的答案像极了小马过河，千人千面。

比如，我请教过两位管理咨询公司的经理我适不适合做管理咨询。其中一位告诉我，有时候跟进一个项目需要出差半年，可能不适合女士。这个信息确实让我却步。另外一位为我描述了帮企业高管谋篇布局的成就感，以及管理咨询公司的待遇及福利情况，又让我心生向往。

真是难以决断啊。若干年后，因为某个契机，我加入某管理咨询公司，我对这份职业的解读又与以上两位的描述不同，留作后话。

渐渐地，我停止了不断问询的动作，因为我发现，即使听取一千位、一万位专业人士的意见，我或许也只能拼凑出对职业选项更完整的认知，依旧无法找准定位。因为**外部信息是无穷无尽的，随时在变化。**同样一份职业，不同公司情况也会不同。即便在同一家公司，项目不同，领导做事风格不同，也会形成不同的需求。哪怕是相同的项目、相同的领导，个人能力和视角不同，收获的东西也会不同。**职业没有办法**

被定义成一种状态。当我企图通过获取完整外部信息帮助自己求职时，我就已经进入了死胡同。

从个人优势出发去找职业方向？

既然外部信息是变化的，于是我便改为"向内求索"，试图通过性格测评来发现自己适合的职业方向。结果，我发现很难将测评结果应用到职业的选择中。

我的测评结果显示我"适合"从事建筑师、教师等职业，但其实这样的"适合"却未必符合我的实际情况。比如说我"适合"做建筑师，但我没有相关的学历背景、经历，也不了解建筑、房地产行业的大趋势，我要跨界吗？如果我"适合"做建筑师的原因是我有逻辑严谨、擅长计划等特质，那这些特质在很多岗位上一样能发挥优势呀！

再比如教师，别说，这个职业真的适合我，但在出生率下降、人口缩减的社会背景下，从职业规划角度考虑，未来10~20年做教师对我来说是不是足够有吸引力的选择呢？就算选择做教师，我是进入体制内做老师，还是去企业做培训讲师？或是像我今天这样，在职场发展之外，另辟一个"职场导师"的身份？

我发现，做完性格测评后，关于我想要的职业定位，还是无解。

迷茫的我，开始尝试真正用求职实践寻找答案，也就是通过投递简历、应聘面试、接触HR来获得一些更直接的反馈。二本院校毕业的我由于学历的限制，经常够不上一些头部公司的招聘门槛，但是不符合JD（岗位描述）要求，难道就完全没机会了吗？事实证明，不是。

我开始思考，对于目前暂时进不去的公司，通过后期提升学历、考取证书、丰富经验，我是否有机会应聘成功呢？如果我确切地把一份工作当成日后的目标，当下应该选择什么职业，对以后从事这份工作有加持作用呢？……我渐渐发现，只要不止步于眼前的招聘要求，问题又开始变得复杂且富有挑战性起来。毕竟，职业规划伴随着对未来更好选择的期待，用行动针对性地突破个人瓶颈，才能逆袭赢得高薪，获取认同和成就感。

想了那么多，做了那么多，我还是困在原地。
像所有遇到职业迷茫的人一样。
幸运的是，我最终摸到了解开锁扣的钥匙。
这把钥匙在未来又帮助了很多人。

我更意外地发现，无论是公众领域里知名的人，还是我身边那些成功走出求职困境的人，都掌握着这把钥匙。

想那么多，不如先拿到一个再说

我认识到，将我困在原地的，是对职场"确定感"的执念，但职场最大的特点就是"变化"，职业选择不会一成不变，职业状态也会随时调整。对个人来说，求职最重要的是先尽全力拿到各种能拿到的offer（工作机会），积累选择的资本和空间，然后选择相对更好的那个offer作为新阶段的起点，再规划下一步，逐步迈上自己满意的职场平台。"本轮选择"很重要，"后续迭代"同样重要。

于是，我调整了心态，问了自己三个问题，我的迷茫瞬间解开了。

告别迷茫的三个核心问题

以我现在的情况,我还能做什么?

我当时一直纠结于应该继续做猎头顾问,还是转行做市场营销、广告、公关、管理咨询,或是再看看有无其他可能性……

后来,我换了一个思路:以我现在的情况,我还能做什么?我全面梳理了不同岗位的门槛,逐步了解了更多有益于规划职业选择的信息。比如,大部分高科技企业(化工、医药、材料等)的研发岗,都需要应聘者有相关专业的研究生学历,否则只能做支持岗位的工作,即便是做核心研发岗,晋升发展也会有瓶颈。显然,我的专业和学历背景就不适合选择这类岗位。而大部分非技术类的岗位,学历门槛没有那么高,我其实都有机会。有些岗位后期需要补对应的从业证书,有些则不需要证书,而主要靠经验来提升岗位资历。还有一些岗位,例如行政文员等,大部分人都可以胜任,但是未来发展有限。

我倾向于选择那些哪怕起步平平,但通过跳槽和晋升,可以逐步迭代,行业前景好,有发展空间,薪酬水平在北京有机会达到年薪50万元以上,在企业里算是核心力量的岗位。

关于如何选择行业和岗位更具体的内容,我将在本书后面的章节展开分享。

选择很关键，只要思考方向对了，得到答案就只是时间问题！ 总之，我不再执着于具体定位，而是开始"圈地"，形成属于自己的"目标范围"。

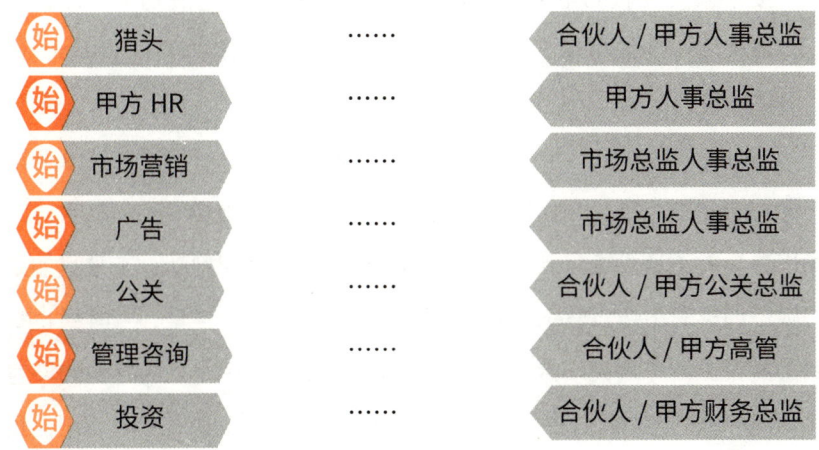

我第一次求职时圈选的目标范围

（左列为目标方向，右列为未来职业发展目标）

在我的能力范围内，如何拿到最好的 offer，作为日后的起点？

我将所有选项按照难易排序。以我当时的职业背景，如果要找猎头和甲方HR一类的工作，难度一定是最低的。如果想找市场营销、广告、公关方向的工作，则涉及跨专业转岗，不过这类岗位市场机会多，门槛不算太高，难度中等。如果想找管理咨询和投资方向的工作，就几乎毫无胜算，毕竟连清华、北大毕业生都需要一番争夺才能得到机会，对我而言，这个方向难度是最大的。

在每个求职方向下，我再按照公司规模、求职难易程度排序。例如，应聘广告公司的时候，世界知名4A公司的应聘难度一定高于大多数中小型的广告公司。我对此有充分的心理预期，但并不会因此望而却步。

没关系，只排序不选择，把选择交给市场反馈。

接下来我要做的事情，就是优化简历，提升投递成功率、面试技巧，重视每一个细小环节，去获得尽可能多的offer，在这个过程中，逐步测量出我的市场价值上限。

当时，我面试HR岗，拿到了美世咨询（Mercer，世界顶尖HR咨询公司）的offer，对比我手中拿到的其他中小型公司的HR岗offer，再对比我用尽全力还是没能拿到的管理咨询岗offer，我就能判断，未来我如果想做咨询类的工作，Mercer应该是我最好的选择。同样地，当时我也拿到了奥美（世界顶尖广告公司）的offer，对比我手中拿到的其他的外包市场岗offer，再对比我反复投简历，但回音寥寥的其他几家4A公司，我就能判断，所有市场类的工作中，能拿到奥美的offer，就已经是我付出努力再加上运气眷顾的最好结果。

我很建议大家用"先排序再摸高"的方式去充分接触市场。如果只是坐在家中空想，既无法确定自己能否拿到offer，也无法真实地感受争取offer的难易度，从而无法实际判断手中最好的offer是哪个。

拿到offer之后的选择就很简单了。在可选范围内，选择综合条件更好的offer。选择offer的方法本书后续章节会有详细介绍，这里只要记住：待遇很重要，但不是最关键的影响因素。

每一次选择，都是新的起点。

始	类别	Offer	选择
始	猎头	offer1：其他猎头公司高级顾问，底薪 8000 元 + 提成	合伙人 / 甲方人事总监
始	甲方 HR	offer2：中部能源公司人力资源副总裁助理，月薪 6000 元	甲方人事总监
始	市场营销	offer3：中尾部户外品牌市场专员（外包），月薪 4000 元	市场总监人事总监
始	广告	offer4：4A 公司奥美广告业务经理，月薪 5000 元	市场总监人事总监
始	公关	offer5：中部公关乙方公司业务经理，月薪 5000 元	合伙人 / 甲方公关总监
始	管理咨询	offer6：头部 HR 咨询公司高级分析师，月薪 1.2 万元	合伙人 / 甲方高管
始	投资	无	合伙人 / 甲方财务总监

第一次求职拿到的 offer 以及我做的选择

入职后，如何进行职业规划，调整迭代出真正让我满意的状态？

入职 Mercer 后的两年时间里，我通过内部晋升月薪突破 2 万元。Mercer 的规范管理体系以及极富创造力和挑战性的工作平台使我的工作技能和沟通技巧等都得到了提升，我的工作职责也从一开始的"螺丝钉"发展成独立负责项目，整个人的状态有了很大改变。同时，我保持每一两年跳槽一次的频率，持续了解自己的市场价值，测试自己能否"摸高"再上一个台阶。通过几次跳槽，我不断向上更换公司平台，在过程中积累新的技能。2016 年再换工作时，基于过往的职场经历和技能，我拿到了德勤摩立特的 offer，开启了真正的管理咨询生涯，所在的平台和收入水平都有了很大的提升。

与主业同步发展的是我的副业。2013 年加入 Mercer 后，基于我自己求职的实战经验，加上之前做猎头的经验，以及 Mercer 顶尖 HR 咨询公司的方法论，我开始进入校园做分享。经过几年时间，"职业规划"从一开始的爱好慢慢变成了一份不小的事业。从最开始的校园分享，慢慢被平台签约，通过公众号、短视频、直播等平台和方式，最终迭代出了新的"赛道"。

职场人最好的状态，并不是一开始选择一份职业时就能获得的，而是逐步内外迭代出来的。

我的很多学员，都通过以上三个步骤，从遇到职业迷茫、学历瓶颈、大龄转行、空窗困境……逐步走向了自己满意的状态。每前进一步，他们的状态都会变得更笃定一些。这个方法适合各行各业的人，可谓是职场的底层规律。

在变局时代下，真真假假、喧嚣浮躁的信息那么多，抓住底层逻辑才能持续提升自己的价值。

如果书前的你，面对求职的时候，也存在一些类似的困惑，不妨试一试，或许会打开新的出口。

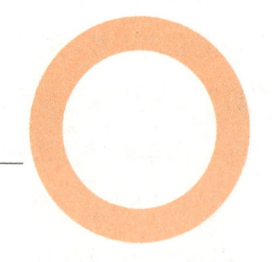

发展前景好的行业有哪些？

行业重要还是岗位重要？

"我之前在房地产建筑行业工作，想换个前景好的行业，您觉得医疗器械行业怎么样？"

"我之前在学校工作，想换个行业，您觉得互联网行业前景依旧好吗？"

…………

想要找工作、换工作的你，是不是也有类似的问题？

有一半以上找我做职业规划的来访者，他们的开场白都是这些。面对他们的提问，我一般会向他们提出以下三个问题。

转行去前景好的行业，你能做什么岗位呢？

面对这些来访者，这是我抛回去的第一个问题，而一半以上的人都回答不出来。

比如，医疗器械行业前景不错，你准备去做研发技术岗吗？可你未必能做。去做市场营销岗吗？但在医疗器械这类To B（主要面向企业端客户）行业，做市场营销未必是好的选择。去做销售支持岗吗？可能这个岗位的发展空间未必有你之前行业的好。

所以，**行业的前景要结合岗位一起来评估**，甚至还要结合公司、职级、所在城市综合来看。因为以下这五个因素，一起构成了职场坐标体系，决定了你薪资的基本范围。

行业 × 岗位 × 公司 × 职级 × 城市

职场坐标体系

五个因素中，哪个因素最重要？

你发现一半以上的人都会回答：行业。这又是一个错误答案。

假设你拿到以下两个坐标的offer，你会如何选择？

坐标1：生物技术行业—IT产品岗—普通小公司—专员级别

坐标2：传统化工行业—人力资源岗—头部公司—专员级别

很多人会毫不犹豫地选择坐标1，因为"生物技术"这个行业似乎更热门，看起来IT产品岗好像也比人力资源岗更好一些。但实际上，对大多数人来说，选择坐标2发展前景更好。

岗位是决定职业发展的最小颗粒度。 很多人会觉得IT产品岗很热门，有机会拿高薪，反观人力资源岗，工作内容好像和行政岗差不多，薪资也不高。但在专员级别，这两个岗位的薪资都不高，一般在千元水平。如果想薪资更高，需要做到更高的职级，同时对企业规模也有一定要求。

如果把IT产品岗和人力资源岗放在中等规模以上的企业中去比较，同样做到高级经理级别，那么它们的薪酬就是可以横向对比的，人力资源岗的年薪也有机会达到50万元以上，甚至过百万也有可能。

所以，只要是职场大环境中相对核心的岗位，其发展前景的好坏，都取决于能不能晋升到更高的职位级别、能不能跳槽到更高级别的公司。

而通过跳槽实现公司级别的提升，难度是相对更高的。所以从专员级别起步，面对IT产品岗和人力资源岗，哪个offer对应的公司级别更高，就是重要的决定因素了，这能让我们在未来的发展路上少走弯路。因为一旦选择了坐标2，哪怕之后不跳槽，只要实现晋升，就能取得不错的发展。而一旦选择了坐标1，去了普通小公司，无论哪个岗位，日后都将面临跳槽和晋升的双重挑战。

是否要选择热门行业？

大部分人都会毫不犹豫选择：是！
事实上，未必。

首先还是要结合岗位、公司、职级这些因素综合判断。行业红利期，确实可以加快职业发展的进程。早期进入房地产行业做销售的人和后期进入的人，面对的市场状态是完全不一样的。但具体来说，依旧要综合几个因素共同来判断。

此外，同岗位转行比转岗相对容易些。更换岗位，意味着在此前岗位上积累的大部分经验都要推翻重来。虽然求职时企业通常也会要求有行业经验，但如果岗位不变，只转行，这意味着你岗位经验更丰富。所以如果跨度不是很大，相较而言，转行难度比转岗低。

在职业生涯发展到能做管理层后，很多人会迎来一波新的转行机会，如果你遇到过来自其他行业空降的领导，对此应该深有体会。我的学员中，有从轮胎行业做到IT总监一职，在超过40岁的年纪，切换到医药行业继续做IT总监的；也有从巧克力这种大快消行业做品牌管理，切换到互联网行业继续做品牌管理的……这种情况很多见。

行业的红利期是比较短暂的，我们无法保证在求职当下就正好能碰上，更不能保证碰上后这个行业可以一路长虹。应该说，没有任何一个行业可以一路长虹。因此，从入职到退休这段很长的时间跨度里，学会在过程中敏感识别行业变化，随着行业变化迭代技能，及时调整求职策略，就显得非常重要了。

哪些行业可以作为选择

整体逻辑还是前面讲到过的，先选范围，再做优先排序。可以有侧重，但不要自己单方面做决定，建议多选几个行业同时投递简历，最后拿到offer再综合决定。

一般来说，选择行业范围的方法有以下几点。

1. **有之前做过的行业作为保底**。比如，之前你一直从事教培行业，哪怕你再不喜爱，也建议先将此作为保底选择。哪怕你所从事的是不够热门的行业，也有发展机会。

2. **拓展至相关行业**。比如，从零售行业拓展至电商行业。

3. **补充社会的热门选项**。比如，新能源、新材料、生物医疗、芯片、人工智能等高科技行业，以及养老、心理等刚需性行业（媒体、娱乐、游戏等，虽然受政策影响有波动，但从长期看也是刚需性行业）。

4. **按照需求，补充适合自己的选项**。

一些市场规模较大的行业			
1	互联网/高科技	11	汽车
2	人工智能/大数据	12	影视传媒
3	短视频	13	能源化工
4	消费品零售	14	酒店
5	生产制造业	15	物业
6	教育	16	交通物流
7	房地产	17	餐饮
8	旅游	18	专业服务,包括战略、投资、广告、公关、人力、财务审计、法务、技术、培训、翻译等
9	金融		
10	医药/医疗器械/医院/健康		

一些市场规模较大的行业供选择参考

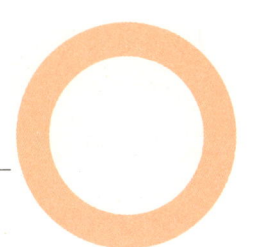

什么是含金量高的岗位？

我经常看到粉丝群中就这个问题争论不休——

"如果想年薪百万，只能做销售了吧？"

"总经理助理不错，可以跟着总经理全方位学习，对以后做管理者或者自己创业都有好处。"

"做采购好，油水多。"

"HR行政岗就是打杂的，没有什么含金量。"

"市场活动岗，含金量高吗？以后能发展成什么样？"

你会发现大家在评估一个岗位的含金量是高还是低时，都容易陷入这两个思维惯性里：

基于自己看到的判断，

基于自己理解的判断。

实际上，**关于岗位价值的评估，是存在专业方法论的，也有市场薪酬标准可以借鉴。**

我在Mercer做HR咨询顾问时，有一项工作内容就叫"岗位评估"。我们会依照不同维度的评判标准，针对不同岗位进行价值评估，并且有薪酬调研数据作为佐证。这套体系几乎和市场上所有企业的内部组织架构都是可以融通的。

复杂的部分就不展开，我直接把简单结论分享一下，作为大家选择岗位的参考。

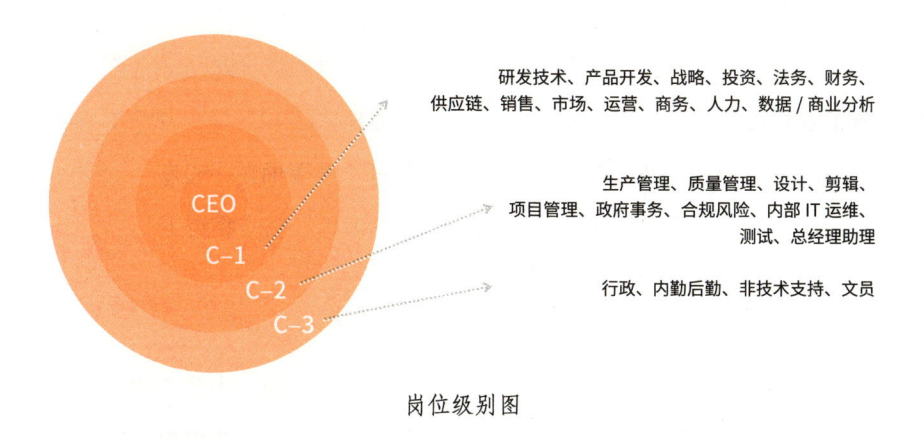

```
         研发技术、产品开发、战略、投资、法务、财务、
         供应链、销售、市场、运营、商务、人力、数据/商业分析

         生产管理、质量管理、设计、剪辑、
  CEO    项目管理、政府事务、合规风险、内部IT运维、
  C-1    测试、总经理助理
    C-2
      C-3  行政、内勤后勤、非技术支持、文员
```

岗位级别图

不同行业的岗位设置有相似性。很多人觉得不同行业的岗位设置是完全不同的，其实不同行业，出于企业正常运转的需求，基本都会涵盖图中的大部分岗位。比如，新能源行业、食品行业都有供应链、财务、内部IT运维、销售。即便是不同行业，有不少岗位所需要的能力、技能也是类似的，甚至有所重叠。锁定对应岗位的求职者，可以适当拓宽行业，增加可能性。

不同行业间存在较大区别的，一般是与"技术产品"相关的岗位，比如互联网行业中的"技术产品"相关岗位，和医药行业的"技术产品"相关岗位，风马牛不相及。通过上述方式，我们可以快速理解岗位级别体系。

岗位价值，可以按照发展的天花板简单划分成三类。第一类，通过晋升能够达到CEO（首席执行官）减1个级别的岗位（CXO，首席功能官），我将之称为"C-1"岗，比如市场营销岗，通过晋升能够达到的岗位上限是CMO（首席市场官）；财务岗，通过晋升能够达到的岗位上限是CFO（首席财务官）……这类岗位天花板较高，薪酬的上限也较高，年薪百万的工作主要出自这类岗位。第二类是"C—2"岗，通过晋升，职业发展的上限会卡在中上部的一批岗位，比如UI（用户界面）设计岗，通过晋升能达到的上限是UI设计总监，很难直接向CEO汇报，薪酬上限相较于"C—1"岗也会打折。第三类是"C—3"岗，属于支持类岗位，没有特别完整的向上晋升通道，月薪上限哪怕在一线城市的头部公司，晋升到最高的岗位级别，也很难突破2万元，薪资相较于"C—1"和"C—2"这两类岗位要低得多。

小公司"多岗合一"，做职业规划时需拆开考虑。小公司的分工不会像大公司那么明确，专人专岗，经常会出现一人多职的现象，比如人事兼着行政甚至出纳的工作，运营和客服是同一人在负责，等等。做职业规划时，我们需要拆开考虑，比如同时负责"人事、行政、出纳"的人，你需要梳理的是你未来的职业目标是往人事总监发展，还是往财务总监发展，抑或是做总经理助理。朝选定的目标积累经验，再通过跳槽和晋升，逐渐把自己的岗位价值放大，找到获取高薪的机会。

"C—1"和"C—2"岗的划分，存在细节上的差别。前面的岗位级别图中的岗位划分，只划分到一级岗位，没有划分到二级岗位。比如，针对市场的岗位，可以进一步展开到市场调研、渠道运营、市场活动、市场沟通、产品营销……如果进一步展开，不同的二级岗位在未来发展上也会有一些区别。

不同公司对于同一个岗位的定位也会有所不同，比如，有些公司的项目管理岗会划分在"C—2"岗内，有些公司则会给项目管理岗更高的定位，项目管理总监直接向CEO汇报。"C—1"和"C—2"岗的划分，会存在一些细节上的差别。"C—3"岗则相对明确，基本属于偏支持性质的岗位。

给求职者的建议：所在的岗位不同，规划重心也不同。如果你的岗位属于"C—3"岗，从职业规划角度考虑，你大概率要将转岗作为职业规划的目标重心。如果你的岗位属于"C—1"或"C—2"岗，你的职业规划重心就不是转岗了。切忌反复更换岗位，让简历变得"四不像"。把重点放在如何通过跳槽到更大更高的公司平台、如何提升能力向上晋升上，你眼下的职业问题就会得到解决。

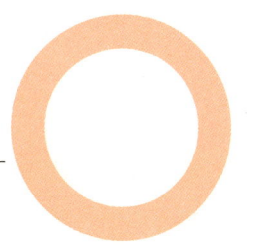

大公司"螺丝钉"VS 小公司"多面手"？

先拿到offer再说，到手的最重要！

我的学员小雅，在一家中游互联网公司里做项目管理岗，跳槽前询问我：下一步如何选择？选择去大厂吗？目前看大厂工作也并不稳定，出现过不少"部门一锅端"式的裁员，内卷严重，而小雅已经33岁了，进大厂是否还卷得动？选择去小公司，应该能拿到职位更高的offer，工作状态也相对舒服些，压力不会很大。如果公司最后成功融资上市，也等于走了捷径。但是，小雅又担心小公司不稳定，离职后想再去大厂就难了。

她很纠结。

我告诉她，针对这两个方向，先分别投简历，拿到offer再说。数月过后，她拿到了三个不错的offer，一个是在某大厂工作的机会，一个是做某大型国企集团创新板块的二把手，一个是在某独角兽公司工作的机会。我们将三个offer放在一起比较，综合考虑了三家公司的情况，如给出的薪资待遇、长期激励给到的收益、业务未来发展的判断、直线上级的思路匹配度、如果再离开这家公司履历如何串联，等等。在做了详细具体的对比后，小雅才做出了最终的决定。

职业选择不能从行业、岗位、公司等任何单一维度来考虑，而是要拿到具体的offer，结合不同offer更详细具体的细节，综合比较做出决定。**如果你从来没有去过大公司，那么你的首要选择就是尽可能先去大公**

司。当然，关于选择大公司还是小公司，肯定要具体问题具体分析，但依旧有一些通用的标准可供参考。

我毕业于一所普通的二本院校，职业生涯前期，学历一直制约着我的职业选择和发展。后来，我通过职业规划，一次一次通过跳槽向上迭代，最后拿到德勤摩立特的offer。入职几年后我再去求职，就无须再担忧学历问题了。因为大公司的就业经历，就代表着一定的市场标准与门槛，帮我补齐了学历短板。

用人单位的HR每天要筛选很多简历，如果快速筛选候选人简历时，看到你过往的任职公司中有一些"Big Name"（知名企业的名字），HR就会立刻在心中对你进行初步定级，这就是大公司背书的意义。职场是流动的，有了大公司的背书，再换工作时你的选择范围就会变得更广。

大公司的"螺丝钉"有机会变"多面手"，小公司的"多面手"实质上可能就是"螺丝钉"。

我的学员秋秋，学历背景和个人素质都非常不错，毕业后加入了一家小公司，一干5年。在这家公司里，她负责过很多不同的工作，领导也很欣赏她，她干得也很有成就感。但小公司毕竟规模小，一年的营收不多，公司人员也不多，很快，秋秋的收入和晋升发展都遇到了瓶颈。她想换份工作，这时，她突然意识到自己之前干的活太杂了，什么都干过，但什么都不精。虽然自己身上确实有一些优点，但与大公司体系化、职业化的工作思路相差甚远，显得有些"小打小闹"和不够专业。

你会发现小公司的"多面手"，虽然为我们带来了不少职场的成就感，但在职业规划上，放到大公司里却可能只是一颗"螺丝钉"，一颗"多功能螺丝钉"。反过来，大公司的"螺丝钉"，却有机会在后期变成"多面手"。我的职业生涯中有较长一段时间都在大公司，入职前一两年一直是"螺丝钉"，只能干局部的活，看不到工作的全貌，需要和很多人配合才能完成项目。但随着逐渐参与不同的项目，以及晋升，看问题的角度就自然而然全面起来。尤其是做到一定级别的管理层后，甚至负责多条业务线时，你就会发现，自己已经是"多面手"了，而且是重量级的"多面手"。**所以，不要只以"螺丝钉"和"多面手"来简单区分职业选择，这只是过程，不是目的，我们的目的是通过整体性的职业规划，让自己几十年的职业生涯越过越好。**

当然，一定程度上，小公司也不容小觑。推出ChatGPT的公司OpenAI，一开始团队仅几十人，创造的价值却比肩公司。短视频、自媒体直播时代涌现出的一批"超级个体"，一个IP就是一个企业，团队规模与创造营收的比例，让很多传统企业惊掉下巴。流量聚焦、技术聚焦、办公虚拟化，再加上经营者出于成本效益的综合考虑，未来的职场环境中，会有越来越多小公司占据重要位置。

无论今天还是未来，综合考虑过后，选择加入小公司，需要重点思考以下两点：

1. 一旦入职，加速成长。小公司的弊端是稳定性差，想对抗小公司的不稳定性，但又想攫取小公司发展期的红利，最好要加速成长，在红利期内尽快提升个人职场价值。

2. 对标外部价值，保持与外部的接触。时常对标外部成熟大公司体系下的岗位要求，确保自己的工作内容、职业发展方向和外部价值标准保持基本平衡，这样一旦所在的小公司有经营情况的变化，也能快速反应，在外部职场中找到一席之地。

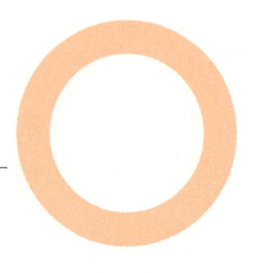

是选择去大城市工作，还是留在小城市？

大城市的好，需要职业达到一定阶段后，才能享受得到。
小城市的好，需要心态达到一定成熟度后，才能体会得到。

职场10余载，我做过的选择很多。回想起来，依旧很感激自己当初选择留在北京这座城市。几年前我写过一篇文章——《你同情北上广的辛苦，因为你不懂北上广的幸福》，获得很多知名媒体大号的转载，阅读量10万+，可见该文引起了很多有类似经历的人的共鸣。

我不能说大城市适合所有人，不同城市都有各自的优缺点。我只结合自己的经历、学员的经历，讲讲大、小城市的区别，给你做选择时参考。

选择大城市不难，难在怎样能留下来

在大城市里，经常能看到一些拖着行李箱的人，匆匆奔向地铁口，或在高铁站下车，画下与大城市的句号。我看着他们，想象着他们当初来到大城市时的样子，眼中闪烁光芒，充满希望：大城市公司多、机会多，如果一不小心混出了名堂，百万年薪不是梦；就算只是中规中矩打工，干个几年再回老家，也能积累下一笔不少的存款。

事实上，高薪诱惑的背后是高成本。不夸张地说，大城市白领，就算月薪2万元，扣除房租等开销，基本也留不下多少。而且大城市的工作压力大，每天从早上挤地铁那一刻起，身体就开始承受紧张的节奏，晚上加班后回到出租屋，紧张了一天的你如同松开的弓弦一样瘫在床上。你逐渐开始思考：留在大城市的意义是什么？随着年龄渐长，谈恋爱、结婚，从一个人变成两个人，再到生儿育女，在大城市共同奋斗。在更多开销和家庭责任面前，你又忍不住再次问自己：留在大城市的意义到底是什么？

我听过一对中年夫妻描述"大城市的意义"：我们的孩子可以直接从大城市起步，比我们这代好，我们要先从小城市走到大城市。

这是找不到答案的答案。

我有一位天津的朋友，她在北京一家外贸公司做职员，工资不算高，每月5000元。她很宅，周末几乎不出门，没有娱乐，吃饭下馆子也不会离家超过5公里。她问我："我在北京生活和在老家生活没有区别，老家还有很多同学朋友，我待在这里的意义是什么？"

我想，我可以回答她的问题。这就是我刚来北京时的状态和心境。月薪3000元，租房，宅，没有社交圈。身为独生女，未来还要面对父母养老的问题。我时常加完班后走在北京夜晚的路上，看着宽宽的马路，和马路上一根根竖立着的冷冷的路灯，觉得这座城市是冰冷的。

我第一次感受到北京的温度，是在我工作后的第三年。那一年，我跳槽加入Mercer，办公室在北京CBD嘉里中心。最重要的是，我开始有了较明确的职业发展路径。那一年我能看到自己工作能力、薪资、职位级别的变化，对未来是有期待的。我还记得我第一次站在五星级酒店的会议大厅前，面对400位HR总监，做了45分钟的行业年度分享。当我返回休息区休息时，一位HR总监跑过来对我说："Cindy，你刚刚的分享太棒了！"我第一次感觉，自己在这个离家1000多公里的城市有了自己的名字。

后来，从Mercer到LinkedIn（领英），再到德勤摩立特，我规划好了每一次跳槽和晋升，让它循序渐进。

我感受到人生发展的轨迹是实实在在掌握在自己手中的。记得在德勤摩立特做管理咨询顾问时，有几年出差很多，我坐飞机比在城市里打车还要频繁。每次飞机起飞看着下方偌大的北京城越变越小，我就觉得大城市再大，也是在我脚下的，事业上的每一步我都走得很稳健。相比刚来北京时，我仰望城市上方的天空，总觉得城市大到可以吃掉我，我的心态发生了很大的变化。这个过程我用了10年，心随境迁。

再后来，在主业之余，我的副业也逐渐有了起色，自媒体带给我工作之外越来越多的影响力，以及收入。我开始受邀参加一些电视节目，通过节目、主业、副业认识不同领域的朋友。通过朋友间的相互推荐，我进而又有了更多的项目机会，我感受到自己真正开始与大城市更深层的资源产生连接。

记得有一次工作到比较晚，和朋友一起走在凌晨2点的北京街头，我感叹说："刚来北京，我每晚看这路灯都觉得无比冰冷，而现在凌晨2点，我却感觉路灯是温暖的。""是啊，太温暖了！"朋友用力说出这句话，眼睛看着前方，像是勾起了某段回忆。这也是一个北漂20年，在这座城市取得一些成绩的人。

几乎很少有人刚来到大城市，就能真正爱上大城市。如果将大城市的房价和压力拉一条基准线，只有职场收获高于这条线，你才会感受到留在这里相较于回到小城市是值得的。

选择了大城市，就要做好清晰的规划。起步不高不要紧，对于未来怎么发展，要有比较成熟和明确的想法，每过一两年就要衡量一下自己是否还在最初的职业规划轨道上。如果不在，就要及时调整。如果只有对"大城市机会多"的憧憬以及比较模糊的行动路径，你可能就要重新思考是否应该选择留在大城市。

留在小城市，心态要成熟，取舍要拎得清

我的学员里，很多是在大城市或者省会城市念完书回到老家工作的，他们一方面还对大城市抱有一些希望，一方面又觉得小城市的节奏慢，生活安逸。有一些曾在大城市生活工作过的人因为职业发展的缘故，想要更换城市生活，但又不知道要不要再回到大城市。也有一些从来没有在大城市生活工作过的人，萌生了想出去试试的念头，但对于如何迈出第一步，却完全没有思路。还有一些是已经在大城市和小城市之间折返多轮的人……能一路坚定选择留居大城市的人不多，同样地，能完全安心生活工作于小城市的人也不多。

我的学员小初，毕业后一直待在武汉老家，在父母的建议下，进了一所学校当老师，并很快买了车买了房，过着不错的小日子。但和很多扎根中小城市的人不一样的是，她一直保持着对外部世界的"看见"。她会通过业余时间自学等，持续学习一线城市的职场思路，感受一线城市的人的工作状态，甚至远程接下一些项目来增加自己真实的体验。工作几年后，她也困惑：是否要一辈子留在老家教书？她的做法是先投简历试试，看看把自己扔到大城市中会有什么反馈。她的行动力很强，凑了一波面试机会，一次性飞到一线城市面试，以获得更实际具体的反馈，拿到offer后再理性比较未来发展的前景和可能存在的风险。

这个过程很折腾，虽然最后她还是选择留在武汉，但我能感觉到她身上的笃定，她会保持在目前的状态下继续"折腾"。**同样是没有选择一线城市，但她比身边的人更加坚定。必须有所经历，心态才会成熟；**

必须心态成熟，才能安于自己的选择。

我的朋友大铭，之前是某知名杂志的主编，之后任职过多家知名互联网公司的公关总监，后又赶上公众号发展的机遇吃到了自媒体时代的红利。他在北京很多年了，不久前他告诉我他马上要去大理。但我知道，他去大理不只是简单地选择城市，而是多年主动规划后的结果，过去后他的事业还将继续。

这是我最期待的关于城市选择的第三条路径：在一座城市好好规划，在收入和能力可以支撑选择的时候，兼顾大城市和小城市。所以，与正在阅读此书的你共勉，把职业规划得更广更远一些！去努力，去实现！

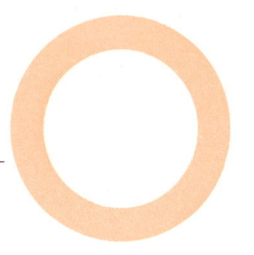

个人优势和职业发展的关系

**正确的方法可以让我们做到行业"优秀";
而天赋决定我们能否成为行业"顶尖"。**

"我今年33岁,不知道自己适合做什么,很迷茫。之前干过4年财务,不喜欢做数据,转行又去做了几年跨境电商,后来还做过一段时间销售,觉得都不是很适合自己。我性格活泼,比较喜欢和人打交道,有同理心,也喜欢心理学,想找到一份能发挥我优势的工作,希望老师帮帮我。"

我经常收到类似的求助。对很多人来说,与其花费那么长时间寻找发挥个人优势的工作,不如思考如何抓紧时间先跑通一条路。有人可能会说,我之前每份工作的路都跑不通,正是因为我还没有找到发挥自己优势的工作,找到了自然就跑通了。

个人优势与后续努力

比如,平时对数字比较敏感,记账很快,从小到大数学成绩都很好的人,他就有优势应聘数据分析岗位了吗?不一定。很多数据分析岗位还要求你能看懂业务逻辑搭建分析框架,与技术团队同事有效配合、分析结论,将数据分析的结果做成可视化图表,向上级汇报你的数据结果，等等。可见，职场对"优势"的定义是综合性的。更何况，日常能感知到自己对数据敏感，与在职场的实际应用中真的"敏感"也不是一回事。

有人可能会说，就算我的"优势"在职场要求面前还比较初级，是不是也应该先选择能发挥优势的岗位作为起点，这样个人的努力才能事半功倍呢？其实不然。后续正确方式下的努力，几乎能让我们在很多岗位上取得不错的成绩。纵观我带过的10多万学员，以及我自己的多段跨行经历，我发现，大部分人并不是没有选对符合自己优势的职业赛道，而是后续的努力方式不对。

开头提到的那位学员，在最初做财务工作的时候，基本就是按照公司布置的任务埋头苦干，还经常因为做出来的内容不符合领导预期挨批。她没有去了解整个求职市场中财务岗的"优秀标准"在哪里；初级财务、高级财务、财务管理，每个职位级别的晋升通道在哪里；财务人员如何积累行业经验，如何做向上管理才能满足领导预期；等等。所以4年下来，她的个人能力没有得到提升，也没有晋升过。

如果努力的方式正确，4年的从业经验是有机会做到主管以上级别的，从而有更多跨部门沟通的可能性，有机会以项目制的形式开展工作，这样她喜欢的"与人打交道"，可能就会得到满足。后来，她转去做电商、做销售，始终没有突破工作方式的瓶颈，故事的走势总是类似。

不同岗位，如何积累能力、积累经验，顺利晋升，方法大多是相似的。很多人只是没有用对努力的方法，就简单认为"我不适合"这份工作。如果掌握职业发展的正确方法，就可能在很多岗位上拿到不错的成绩；如果一直没有掌握正确的方法，哪怕最初带着一定的个人优势入职，到后面优势也会越来越小。

职业规划可以不断调整，放大个人优势

想要在工作岗位上脱颖而出，每个人的方法不一样，因为他们的优势不同。比如同样做运营岗，有些人擅长做数据，有些人擅长写内容；有些人擅长主导，有些人擅长配合……虽然每个人的优势不同，但都能把同一个岗位做得很好，因为工作岗位的内部有可调节的空间。

除了可以在岗位内部"扬长避短"，还可以通过调整职业路径，放大个人的优势。我有一个好友，曾经在大厂做产品经理，做得很好，后来发现在产品经理和项目经理两个岗位之间，自己的能力更偏向项目统筹与协调汇报方面，于是逐步做了职业路径的调整，把自己的优势不断放大。

所以，职业规划很重要，职业并非一经选择就固定了的，后续还有很多调节空间，没必要在一开始选择的时候过于纠结，错过机会，浪费宝贵的时间。

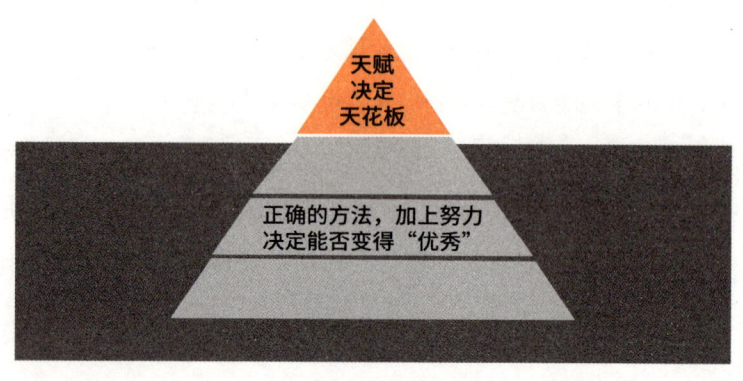

天赋金字塔

（塔尖）天赋决定天花板
（塔身）正确的方法，加上努力决定能否变得"优秀"

有些朋友可能会说，既然天赋是"优秀"和"顶尖"的分水岭，那为何不在求职的一开始就定位清楚？答案是，初入职场的人，很难在一开始就找到非常清晰的定位。

举个例子，我的一位合伙人，他曾经是国内最早的一批麦肯锡咨询

顾问，跟他比较，我发现我距离成为顶尖咨询顾问还有着无法突破的瓶颈，但这是我做了多年咨询顾问后才判断出来的。我有个舞蹈老师，在业内属于出类拔萃者，但跳到第8年她才发现自己在"进入音乐的能力"上有无法突破的瓶颈。

很多职场的瓶颈，在职业规划的初期是无法识别的，因为职业发展是一个实践的过程，只有走了1、2、3、4、5、6、7、8、9步，才能验证自己最终能不能走到第10步。

而事实上，我们没有那么多时间去逐一验证，毕竟在职业发展的道路上还有运气成分。抛开运气因素的影响，如何提高选择适合自己的职业的概率？

1. 选择职业时，先努力拿到一些好的offer，结合自身优势等因素综合判断，做出最佳选择。

2. 一旦做出选择后，用正确的方法加上努力，在岗位上积累更扎实的职业优势，逐步达到"优秀"。

3. 保持对自己优势的探索，随着对自我了解逐步加深，不断微调职业路径，放大自己的优势。

4. 如果精力富余，多开拓一条副业，让好运加倍。

愿书前的你，最后都能与"天赋"相遇；

如果最终没能"遇见"天赋，也能收获一份不错的职业，遇见不错的自己。

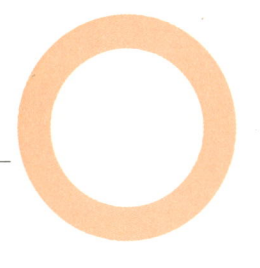

怎样才能拿到百万年薪？

百万年薪，有迹可循。

"你觉得通过打工，想要实现百万年薪，需要几年？"

我在校园分享会上和直播间里都问过这个问题。有回答说5年的，也有说10年的，也有说永远实现不了的。你会发现，大多数人对"年薪百万"没有概念。

你对这个目标没有概念，又如何能一步步实现它呢？

市场有包括百万年薪在内的薪酬标准

实际上关于这个数字，市场上有一定的参考标准。我在Mercer做HR咨询顾问工作时，我们每年会发布"薪酬报告"，公布不同行业、不同岗位、不同职级的市场薪酬平均水平。这份报告里的数据来自当年的薪酬调研，我们会对不同行业的大量企业，先做岗位匹配，也就是按照同一套标准，对不同企业内的不同岗位进行定义和评级，而后收取数据进行统计分析，得出结论。

举个简单的例子，我们会公布"互联网行业—中、头部公司—运营岗位—经理级别—在北京"这些条件下人们的薪资大概在什么范围。同时，也会对"互联网行业""中、头部公司""运营岗位""经理级别"的定义分别进行解释。

企业会付费购买"薪酬报告",作为公司调薪的标准。如果你是HR从业者,应该非常了解我刚刚描述的这一套工作流程,甚至你可能参加过我们的职位匹配会。如果你是职场中人,了解HR的工作,你就会知道,你的薪资不是公司HR一拍脑袋定出来的,他们实际上会参考外部标准。即使用人单位没有付费购买薪酬报告,但因为市场上人才是流通的,也会间接了解到市场标准。

也就是说,**年薪百万,不是一拍脑袋定的,和行业、岗位、岗位级别有非常密切的关系,尤其是"岗位"和"岗位级别"这两项**。具体有哪些对应关系呢?可以参考以下这个表格。

岗位	岗位级别	0~2年 助理/专员	2年左右 专员/高级专员	3~5年 高级专员/主管	5~10年 经理/总监	10~15年 总监/VP(副总裁)	……
C-1	研发技术、产品开发、战略、投资、法务、财务、供应链、销售、市场、运营、商务、人力、数据/商业分析	8万~10万	10万~15万	15万~30万	30万~50万	50万~100万+	
C-2	生产管理、质量管理、设计、剪辑、项目管理、政府事务、合规风险、内部IT运维、测试、总经理助理	8万	10万	20万	40万	60万	
C-3	行政、内勤后勤、非技术支持、文员	5万	5万	10万	10万	15万	

薪酬数据参考表

这是我基于自己的专业背景和经验,从求职者角度整理出的一份薪酬数据参考表。接下来,我简单解读一下这张表格。如果你看懂了,年薪百万的路径也就清晰了。

表格按照"C-1""C-2"和"C-3"对岗位进行类别划分,具体划分标准前面已经提到过。"C-1"岗,如果做到天花板,也就是企业的CXO,年薪百万有很大概率能实现。"C-2"岗,举个例子,"质量管理岗",即使做到公司这一岗位的领导层,虽然有可能拿到不错的年薪,但突破100万还是有一定难度的。"C-3"岗,属于支持性岗位，没有特别大的晋升发展空间，平均来看，年薪15万元就已经是一个卡点。这些薪酬数字主要针对的是一线城市中的头部公司，如果是二三线城市中的头部公司，综合考虑薪酬还要打个折，通常在5~8折范围粗略估算；如果是二三线城市的小公司，那就要再打个折，作为参考。

如何实现年薪百万

薪酬数据也会随着每年的公司普调、经济通胀这些因素，有一定的上浮，每年上浮幅度不大。以上这些数字不是完全精确的数值，但想要规划年薪百万路径的你可以将之作为参考信息。

如果你处于"C−3"岗，想要拿到高薪，必须主动规划，通过内部调岗或者外部跳槽，去到更核心的岗位。举个例子，我有个学员，在一家小公司做人事行政工作，如果她想拿高薪，最简单的路径就是努力将重心调整至"人力模块"，再通过跳槽去大型、有专门设置人力资源部门的公司，之后再通过晋升，做到管理层，实现薪资的提升。

如果你目前处于"C−1"或"C−2"岗，未来如果做得好，薪资并不低。目前收入不高，可能是因为公司规模的限制，或者是职位级别的限制，只要做好跳槽和晋升的规划，未来就算年薪没能到百万，超过50万也是大有机会实现的。至于需要多久的时间才能实现，也可以参考上面的表格，从做专员，到做主管，到做经理，再到做总监（公司不同，称谓叫法不同，逻辑一致）。晋升速度因为传统行业和新兴行业不同会有所区别，也会因为岗位不同而有一些区别。除非公司处于飞速发展期，或者个人能力非常突出，对大多数普通人来说，想晋升到高级管理级别拿到高薪，正常来说，是需要10年以上的时间的。

有些朋友可能会说，如果我在小城市呢？是不是就与年薪百万无缘了呢？不同城市确实存在薪酬的"地方差"，比如，某大厂的运营经理在北京能有3万元的月薪，但在二三线城市，这家公司下设的分公司的运营经理可能就只有1.5万元的"打折"月薪了。看上去好像少了很多，但对求职者来说，既然已经选择了小城市生活，只要生活成本和收入水平能匹配就行，不能单一比较，毕竟收入肯定会因为城市不同而有所区别。

拿高薪的路径与核心逻辑是不变的。 如果你想在小城市拿高薪（高薪的标准会有所调整），岗位的排序是不变的，晋升的逻辑也是不变的，我们依旧可以遵循上面提到的两条原则实现目标。

还有些朋友可能会问，是不是人这一辈子，一定要以"年薪百万"作为目标呢？我的答案是：是的。**年薪百万不单单是一个数字，更是衡量标准。** 如果我的岗位停留在距离年薪百万很远的位置，比如"C-3"岗，或者"C-1""C-2"岗的初级水平不再晋升，对我来说最大的风险就不是收入太低，而是有一天会被职场淘汰。年薪百万是一把很好的标尺，它是市场价值的外化表现。比我们以自己的眼界来评判什么工作含金量高、怎么发展更好等不好量化的标准更准确，用这个数字作为引导，调整岗位、职级、公司，会让我们在市场上拥有竞争力。

最后，回答一个我经常在直播间被问到的问题：像你一样做到年薪百万，有没有什么"秘诀"？

"有！"

秘诀就是：**忘记"年薪百万"，做好过程，结果自然来。**

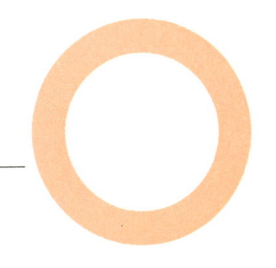

到底是去上班，还是去创业？

这个问题没有标准答案。

我很担心正在看这本书的你，原本未来可能是一位商界大拿，却被我三言两语影响，最后改变了人生轨迹，这个责任我可承担不起啊。关于这个问题，我换一个方式给出我的建议，我接下来讲三个故事，看完后，不同人的心中，自然有不同的答案。

故事一

2013年左右，在我刚毕业的两年里，基于第一次跳槽的成功经历，加上我自己做猎头顾问、做HR咨询的问的专业背景，我开始做起了职业规划师。当年，大学生职业规划的市场几乎是空白的，不像今天有这么多平台在做相关课程。

于是，我的第一次创业很快成型——为大学生做职业规划咨询。当然，同期也有不少和我年纪差不多的创业者，也进入了这个赛道。创业者的圈子不大，我们创业者之间都相互认识。

在很短的时间里，我认识的创业者朋友都相继融资成功了，各有各的商业模式，有做职业规划社群的，有授1V1职业咨询高价课的……只有我，商业模式一直没有固定下来，谈了一些投资人也都没下文。1年后，我创办的机构倒闭了。我当时很沮丧，一方面觉得自己能力不行，建模式、管企业、跑市场、搞融资，哪个环节上的能力都有缺陷；另一方面觉得自己错过了人生中创业的最佳时机，可能以后再也没有这么好的机会了。

当时我的几位朋友也给我抛来橄榄枝，让我作为联合创始人加入其团队，持股20%以上，但这些与我一开始设定的目标并不相符。心灰意冷的我拒绝了这些机会，又回去上班了，只是和他们保持着基于"讲师"身份的合作。

时间一眨眼来到10年后的今天，我们每个人身上都发生了很多变化。

有朋友的公司因为微信生态的变化，导致旧的社群模式做不下去，本来想转型，又经历了教培行业的政策影响和行业波动，转型失败，资金链断裂，公司规模缩小，现在再次转型做自媒体直播。也有些朋友融资几轮过后，公司发展进入瓶颈期，上市无望，于是将此前股东投资退还，改为自给自足模式，创始人回到一线讲课，讲课方向又回到给大学生群体做职业规划，和10年前没有太多变化。

而我自己，经历10多年职场环境的浸泡后，加上一直在做自媒体，从做公众号到做短视频，再到做平台直播。近两年，赶上"知识付费直播间"的风口，我将过去10来年的职场经验融会贯通，又重新踏上了创业道路，并且做出了一些小成绩。我所讲课程的人群覆盖率、我管理公司的能力，都比10年前提高了很多。

我经常回过头来想：当初，我笃定认为的"最佳时机"，拉长时间轴来看，真的是最佳时机吗？

故事二

我有个学员小星，一直想将来要自己创业，所以每次选工作的时候，总想选一些可能和未来创业有关联的。比如，他曾选择去一所MBA

商学院当课程顾问，目的就是积累高端人脉，对未来创业有帮助。做了两年后，发现自己和学员很难建立更深的关系，转而又去做了两年教培销售。从教培行业出来，再换工作时，发现选择面又变窄了。之后，他又做过外贸业务，也在健康行业有过尝试……找到我的时候，他已经32岁，创业仍没有成型，简历却变得乱七八糟。

和他经历类似的一个学员，也是有未来创业的想法，但短期因为各方面都不够成熟，所以先去企业上班。他的逻辑就跟我前面讲的差不多，先"摸高"，看自己能拿到的最高的offer是什么。综合了岗位、行业、公司平台等因素后，他入职于一家农业公司做市场渠道运营，管理电商业务。之后8年时间，他在这个行业的头部公司做到中层管理的级别，有着不错的收入。因为在工作中和经销商、物流合作商保持着很好的关系，加上一直有创业的念头，于是在一个契机下，他与人合伙创业，做了农业电商项目，至今运转得不错，物流覆盖大部分重点省份。

他感叹说："如果8年前让我选创业的项目，打死我也不会选农业方向。"所以你会发现，如果想创业，选项目不是重点，因为每个领域都有创业机会。能把一个项目从0到1启动，再从1到10做大，才是核心技能。这次创业拿到小成绩，和他之前8年在工作中积累的经验和资源分不开。在职业道路还没有跑通，创业规划还没有眉目的时候，先迈好眼前这一步吧。

故事三

我的朋友小蔡，是一家医疗器械公司的老板，在江苏和成都都有研发中心和工厂。他在成都某科研院校读完本科，后来去美国读了PHD（博士学位），然后回国创业，从来没有进过企业。在将近20年的创业时间里，他经历了无数次九死一生。最近的一次是新冠肺炎疫情期间，他公司90%的业务都是外贸，在疫情的影响下，很多出口订单被迫停滞。甚至有一次，谈好的客户，交付时却联系不上了，后来得知是感染时疫过世了。在特殊时期，公司为了稳定经营，不得不从外贸转内销，但医疗器械想要进入终端市场，渠道很重要，所以他和合伙人又踏上创业路上的新里程——攻克国内市场渠道。

看看身边很多的创业者或者阅读知名企业家的创业故事，你会发现，他们大多都经历过创业的九死一生。创业不是一个结果，创业是一个开端，一旦开始，你就停不下来了。

我经常听到这种说法：上班太累了，不仅工作辛苦，还要面对很多复杂的职场"宫斗"，不如自己做老板，打工的尽头就是自己当老板。过去10多年，我接触了10多万名学员的职场案例，因为工作关系，也接触了近百位企业家，有这种想法的人很少能创业成功。真正创业成功的人，他们的能力都很强，即使是以"打工人"的身份去工作，也不会混得太差。他们大多都有着极强的自驱力，创业是为了更大的愿景，而不只是逃离上班。

创业和上班，如果能做好其中一个，另一个也不会做得太差。

看完这三个故事，下一步，选择创业还是上班，你心中有答案了吗？

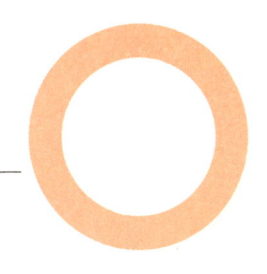

如何选择求职方向？

唯一不变的，是"眼前择优"和"动态调整"这套职业规划方法。

2015年，我第一次去南开大学讲课，当时大家最关心的话题是：择业时，国企、外企、私企有什么区别，要如何选择？相隔8年，2023年我再次去南开大学讲课，校方老师提前向学生收集了就业需求，我发现10条需求中，有一半以上是关于"进体制"的问题。当然，这些样本不足以代表南开大学所有学生的就业选择方向，但能从一定程度上反映出，不同职业方向的热度确实会随着大环境发生改变。

那么问题来了：今天的职场，哪些是热门方向？一旦做了选择，再隔8年，市场又变了，该怎么办呢？

其实很难用"国央企、外企、互联网、公务员编制、教师"等词语来划分求职方向，因为将这些词语再细化下去，又会拆分出差异性很大的求职方向。

举个例子，同样是体制内，公务员和事业单位就有着很大的不同；同样是公务员，中央、省级、市级、区县级的公务员，晋升速度不一样，职场天花板也都不同。如果你考到中央或省级公务员，工作中偏宏观方向和制度建设的内容会更多；越到基层，你和群众直接打交道的机会越多，工作内容也有着很大不同。去企业上班也是一样，虽然都是国企，但有些国企的企业文化与国际接轨；反而有些外企，只是打着外企的旗号，公司里连邮件沟通用的都是中文。

不能简单凭借这几个类别去划分求职方向，还是要具体到实际拿到手的offer上，所做的分析和选择才更准确。

"眼前择优"，先抓住实际能抓到的机会

我有一个学员，北京大学法学院研究生毕业，一边准备公务员考试，一边找工作。备考过程中，她同时拿到了几家律所和互联网公司的offer。如果公务员考试最后没有通过，她也可以在几个offer中择优入职，但最后公务员也考上了。和我讨论后，基于职位和发展等多因素综合比较，她选择了自己最满意的一条路。所以同时推进多个方案，先抓住实际能抓到的机会，再结合自己的情况进行理性比较，比空想要有效得多，也不会浪费时间。

过分纠结于选择私企还是编制单位，最大的问题是时间规划失当。 我的一些学员，陷入长时间纠结后，又花了一大段时间专门去考试，最后没考上，简历又"断档"了，造成了大段时间的浪费。

虽说公务员招录主要向应届生倾斜，但还是保留了"社招"的机会，甚至部分岗位会特别要求招录有其他岗位工作经验的人士，所以工作后也可以保持"动态调整"。

无论是在体制内还是在企业工作的人，环境在变，我们的需求便也要跟着变，职业倦怠期也在其间起着一定协调作用。所以，哪怕我们第一步的选择看起来毫无瑕疵，我们也要意识到初始选择未必能支撑几十年的职业生涯，变化才是常态。

保持"动态调整"非常必要

我有一位学员,毕业后考公务员失败,但他没有浪费时间停在原地纠结,而是选择去金融行业私企上班,努力提升自己的能力,工作保持向上的势头,同时拉长战线继续准备考编,给自己多一些选项。工作第3年,终于考上了,他基于自己工作实际的发展情况,和所考公务员岗位的具体职务进行理性比较后,选择进了体制。在合理的职业路径规划下,这段在私企工作的经历并没有浪费,反而为他在体制内的工作提供了很大帮助。

与他经历相反的是另外一位学员,一开始就进了体制内工作,一直到30多岁,离开体制"下海",薪资有了不错的提升,工作也交出了不错的成绩单。还有一位学员,一直在体制内,对于自己在体制内的发展有明确的追求和预期,但又不希望始终在一个固定环境中按部就班,所以通过副业和业余生活来调节,获得平衡。

我自己十几年都在企业上班,从来没有进过体制内,虽然看起来没有"铁饭碗"傍身,但在职业规划和职场成长方面的能力与资源的长期积淀,也保证了我职业生涯的稳定性和长期活力。我有很多学员也走上了类似的道路。

没有最完美的选择,即便做了选择也不能一劳永逸。

最好的职业规划是:眼前择优、动态调整。

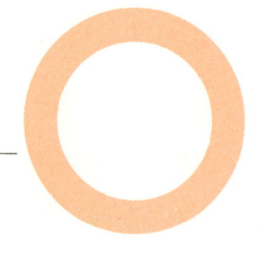

考哪些证书能增加职场竞争力？

热门证书提高警惕；初级证书放低预期；高难证书先选赛道；副业证书拉长战线。

"现在关注度很高的全媒体运营师证，含金量高吗？"

"我有教师资格证和人力资源管理师证，适合做什么？"

"我是做财务的，想今年先全身心把CPA（注册会计师）考下来再找工作，给自己增加一些竞争力。"

"心理咨询师，您觉得就业前景怎么样？"

……

我做职业规划咨询已经10年有余，发现了一个有趣的现象：热门行业、热门岗位在变，不同年代职场人的追求在变，但是证书市场的鱼龙混杂以及职场人对"证书"的纠结却一直没变。

想想也合理，在求职过程中发现自己竞争力不足时，通过证书给自己贴点金，听起来是不错的建议。有需求就有市场，考证机构和教培机构，又将真实的需求放大了无数倍。结合我在职业规划方面的经验，我将这些年观察到的考证市场的变化总结成了四句口诀，帮助大家在面对层出不穷的新证书、各种眼花缭乱的宣传语时找准自己的目标，避免花冤枉钱，也避免浪费宝贵的时间。

口诀一：热门证书提高警惕

你有没有想过，热门证书，它是怎么热门起来的？一般路径是这样的：市场上某一类工作突然被关注，有热度→考证与教培机构开始参与，挖掘卖点做出证书类"产品"→广告投放→被用户看到。看出来了吧，从某个工作需求热度高，到社会上出现这个证书的"考证热"，中间有时间差。所以，当我们看到很多广告打出"巨大市场缺口、高薪工作机会"的标语时，可能岗位需求已经滞后了，实际岗位需求与"证书产品"之间有可能是脱钩的。

那么，面对考证与教培机构在利益驱动下发出的海量广告，我们普通人如何避免被"割韭菜"？

最重要的，是要了解证书有没有对应的市场岗位。以全媒体运营师证为例，它有没有对应的市场岗位呢？有，但情况又比较复杂。市场上确实有一些比较热门的新媒体岗位，比如抖音、小红书、公众号、微博等的运营岗。对有些企业来说，当然也希望有一个能"全媒体运营"的人来负责企业的全部新媒体平台业务。但事实上，每家公司都有不同的情况：业务规模不同，每个平台的业务量不同，需要分工的细致程度不同，公司内部现有人员结构也不同……所以在真实的求职市场上，大部分企业不会设立一个直接的全媒体运营岗，也不会有通向"全媒体运营总监"的晋升路径。所以，对于这个证书所对应的岗位情况，以及证书对于胜任岗位证明力的大小，具体还是要看企业的实际招聘需求。

如果你选择考全媒体运营师证，是抱着学习的心态，目标是增加自己对不同新媒体平台运营工作的了解，拓宽自己职业路径上的可能性，那便完全没有问题；但如果你根本不了解证书对应的领域，以为考下这个证书就能谋求全媒体运营岗的工作，甚至期待拿到广告上说的"高薪"，那么大概率会失望。

口诀二：初级证书放低预期

大部分工作岗位，市场上都有一些对应的初级证书，比如财会类有"初级会计职称资格证书"，人力资源管理类有"助理人力资源管理师资格证书"……这类证书能否作为求职的敲门砖呢？能，但非必须。拿我自己举个例子，之前我在Mercer工作，但我当时没有人力资源管理类的初级证书。我的客户大部分是世界500强企业的HRD（人力资源总监），他们有没有对应的初级证书呢？大部分也没有。除非少量机构出于特殊的业务考虑，才会要求求职者必须有相应证书。当然，这个考试也比较容易通过。

对于这种短期就能考到，难度不大的初级证书，正确心态是"放低预期"。作为一种进阶学习方式，提升个人能力是可以的，在时间和成本允许下，在简历里增加一点附加值，没有坏处。但如果你还处于迷茫、没有方向的阶段，求职时间非常紧张，相比投入在考初级证书上，不如参考本书前面讲到的，用在其他求职各环节上。找对努力方法和方向，才会获得更好的效果。

面对初级证书，还有一个评判标准：**报考门槛越低，不限制学历，通过率越高的证书，一般来说，含金量也越低，越要摆正预期。**

口诀三：高难证书先选赛道

像注册会计师证、特许金融分析师证、北美精算师证、注册建筑师证等行业公认的含金量高的资格证书，往往不是一年内就能考下来的，且通过率不高。**在投入大量时间、精力之前，最好先确认你是否真的要在这个赛道工作。**就算确定选择这个赛道，也可以想一想，在没有拿到证书的情况下，是不是可以先入职初级岗，一边工作积累经验一边备考，这样不会耽误时间。我从不建议学员花过多时间专门用来筹备考试，寄希望于一朝考过，逆袭改命，而在此期间职业发展方向不清晰，工作或求职陷入停滞。最后两头跑空的概率很大。

我的学员小万，学历一般，有7年人力行政岗工作经验，想转行但没有想好方向，于是打算先花时间努力筹备法考，如果能考过再转行做律师。按照她的思路来执行，将会面临两个风险：一是如果考不过，就会浪费更多时间；二是如果考过了，真的转行做律师，入职后发现又不想做了，或者觉得自己不适合做律师，就可能白白浪费了前面所有的投入。

所以我建议她换一个思路：在没有证书的前提下，通过前面提到的"先排序再摸高"的方法，先梳理自己能做的方向，尽力拿到一些优质offer，进行对比择优。当时她拿到了总经理助理、律师助理、培训师等不同岗位的offer，综合考量各种因素，最后确认"律师助理"这个offer是最优选。入职后，她一边在职场学习提升，一边备考法考，在3年后终于成功通过考试，然后逐步调岗成为执业律师，再跳槽去服务的甲方公司做法务，实现了职业生涯的转变。

反过来，如果当时出于各种因素考虑，她选择了培训师的岗位，那么，之后她要做的职业规划就是沿着培训方向补充技能、提升学历，显然就不需要考法考了。

高难证书不是进入一个赛道的门槛，在没有取得证书前，也是有机会入职初级岗积累工作经验的。先明确职业方向，选定赛道后再同步推进"经验积累"和"考证"，是更低风险的做法。

口诀四：副业证书拉长战线

市面上还有一类带有"副业属性"的职业，类似心理咨询师、营养师等，它们也有相应的证书。

我有一个学员晶晶，在医院里做临床检验的工作，有了孩子之后想找一份能在家干的工作，于是关注了心理咨询师相关的从业资格。她觉得结合自己的医生背景，应该比较适合这份新工作。可等到辞去工作，考了相关证书后，她却发现根本接不到活，就此陷入了迷茫。

大部分副业性质的工作，从拿到证书到变现，是需要经历较长周期的。试想，你如果付费找人做心理咨询，是不是除了看他有没有资格证书外，还会看他的经验？我们是不是更愿意选择有8年咨询经验、经手过很多个案的咨询师，而不是一个初出茅庐的新人？所以从考到心理咨询师证书到变现，一般还要经历"接免费咨询订单练习—积累成功案例和咨询经验—低收费—逐步抬高收费"的过程。通常情况下，达到初步变现，最快也得3年。变现的形式，要么是挂靠相关的心理机构，要么是个人工作室接单。如果选择挂靠机构，就需要跑赢市场竞争，很可能需要积累更长的从业时间、案例、经验；如果开个人工作室，则需要有客户来源，也许还得通过做自媒体，运营朋友圈来获取客源。

而市场上关于此类证书的广告宣传，一般会跳过这个积累的过程，直接给你描绘有20年咨询经验的资深专家的收入状况，所以千万不要被宣传的"高薪"迷惑了，要拉长战线做好规划，才会收获到你想要的成果。

让考证"锦上添花"，而不是将它视为"救命稻草"。

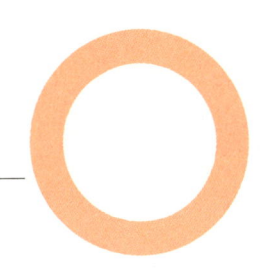

要不要考研、申博、出国？

所有的选择都有代价，最大的代价就是时间成本（机会成本）。

"阿宝姐，我最近投简历都没什么反馈。我学历不高，要不要先考个研究生，提升一下求职竞争力？"

我的很多学员都有这种想法，找工作不顺，就会想停下来先去提升学历。还有很多人在转行的时候，也会想通过读书去提升某个行业技能，进而增加转行筹码。比如有学员原本是做新媒体工作，想转行做金融工作，但是没有金融行业背景，于是就想报考与金融相关专业的在职研究生，看能否提高转行成功率。可这样真的能提高转行成功率吗？结果往往事与愿违。

尤其是有些求职者，在没想清楚职业规划之前，贸然空窗一两年读在职研究生，造成工作履历出现大段"空档"，想再回职场求职时，竞争力反而进一步下滑。

为什么大家会有这种想法？觉得学历重要，这源于我们很多人的求职观念还停留在学生时代的"敲门砖思维"——通过提升学历背景，选择更好的工作。

实际上，从我们踏入社会第一天起，这个思维就该调整了，因为职场的"游戏规则"已经改变了。职场竞争力不再由学历来主导，大家比

拼的是综合竞争力。越往后发展，学历在综合竞争力中的占比就越弱。

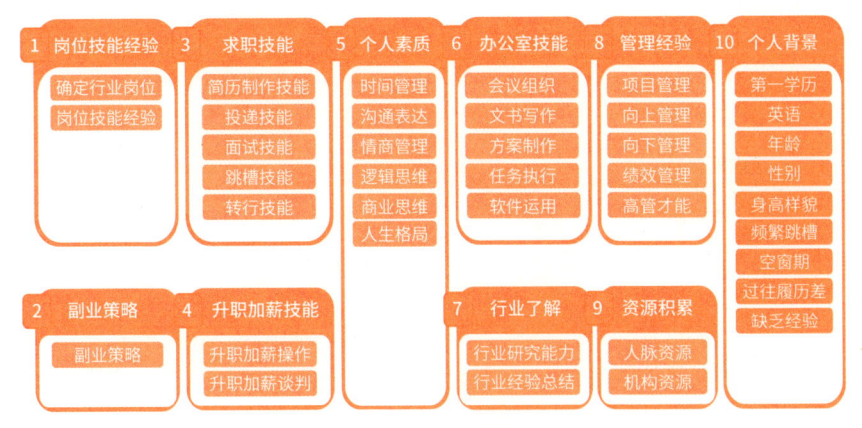

1 岗位技能经验	3 求职技能	5 个人素质	6 办公室技能	8 管理经验	10 个人背景
确定行业岗位	简历制作技能	时间管理	会议组织	项目管理	第一学历
岗位技能经验	投递技能	沟通表达	文书写作	向上管理	英语
	面试技能	情商管理	方案制作	向下管理	年龄
	跳槽技能	逻辑思维	任务执行	绩效管理	性别
	转行技能	商业思维	软件运用	高管才能	身高样貌
		人生格局			频繁跳槽
2 副业策略	4 升职加薪技能		7 行业了解	9 资源积累	空窗期
副业策略	升职加薪操作		行业研究能力	人脉资源	过往履历差
	升职加薪谈判		行业经验总结	机构资源	缺乏经验

职场中的综合竞争力

这张表格罗列了一个职场人，无论从事什么职业，如果想发展顺利、拿到高薪，应该具备的综合竞争力。

表格中**各种能力相加，构成了职场人的综合竞争力**。这张表格是我基于职业咨询工作的经验，加上自己10余年的职场观察总结得出来的。

表格中的第10项，包括第一学历在内，是无法改变，或者短期内改变效果微弱的；而前面1~9项，很多职场人都还有很大的提升空间。可惜的是，他们一直把精力放在第10项的改变中，甚至到30多岁的年纪还在问我：考研究生能否找到好工作，学英语还有没有用……还有一些人认为第10项无法改变，就彻底自我放弃了。纵观那些能在职场逆袭的人，他们都会改进第1至第9项的内容，不断提高职场优势，来逐步弱化第10项中"硬性条件"的限制，进而不断被破格录用，实现人生不断攀高。

基本步骤如下：

· 基于当下的10项综合竞争力，充分挖掘自身职场价值。

· 用正确方法，拿到能力范围里的最优offer，先入职。

· 入职后，进一步提升10项综合竞争力。

- 一边谋求当前公司的内部晋升，一边有规划地看外部机会，通过跳槽上台阶。

....

```
Step1  基于当下
       充分挖掘价值

Step2  用正确方法
       拿到最优 offer

Step3  入职后
       进一步提升

Step4  一边内部晋升
       一边规划跳槽
       上台阶
```

迭代

逆袭迭代路径

职业生涯的最终成绩，不是靠眼下的一次选择，而是靠不断的迭代向上。

我毕业于一所普通二本院校——北京机械工业学院（现北京信息科技大学）。我和我的很多同学一样，毕业后去应聘头部公司，首先就过不了学历的"硬门槛"。之后，我在"提升学历"和"提升综合竞争力"两个方向同时发力，不会停下一头来等另一头。比如，在我工作第5年的时候，原本也想过辞职一两年去读MBA，但我最终没有这么做，而是先不断投递简历，寻找外部的机会。当发现实际到手的外部机会和读书比起来，外部机会更胜一筹时，我就把提升学历的想法暂时放在一边。在我的职业发展过程中，经历了多次对比决定。加入德勤摩立特几年后，我突然意识到，好像不再需要提升学历，我的职业发展也站住脚了。巧的是，就在这时候，公司给了我读MBA的机会，学费也由公司赞助。一切都是最好的安排。

我身边有很多人，工作多年，还在纠结于学历达不到好公司的门槛，要不要停下来补学历，从而忽略了其余竞争力的提高，最终蹉跎了时光。所有的选择都有代价，最大的代价就是时间成本（机会成本）。

对于"是否要出国读书"的问题，与上述逻辑类似，而且出国的成本更高。所以我们在做决定之前，更要先看自己在没有出国履历的前提下，在国内能拿到什么样的最优offer，以此作为职场起点，再判断值不值得下赌注去"出国镀金"。

一般来说，如果是学生阶段，家里经济条件允许，出国深造是很不错的做法。但如果已经是在职状态，那么，无论是国内读研还是海外深造，都需要综合考虑，除非能上特别好的学校，并且提升学历能给你很大的助力，否则效果就是很有限的。

我更建议的做法还是先入职公司，在自己能拿到的最好offer的公司里，提升综合能力谋求晋升，再通过跳槽迭代去更优质的公司平台，让自己在求职市场站稳脚跟。也就是说，要先提升竞争力，再结合自己的经济和其他情况，考虑找合适的机会去读国内研究生或者出国。这样即使空窗一两年再回职场找工作，基于过往扎实的工作经历，你至少有可预期的求职结果作为保底。深造带来的更好的竞争力和机会，则是"锦上添花"。

深造的本质是时间成本的投入，涉及时间投资的事情要讲究策略，以及投入产出比。

读博是一份"工作"，而不仅仅是提升学历。

读博和考研、出国还不太一样，因为读博不只是学历提升，你可以把它看作一份"工作"，有一定的收入和后续相对明确的发展路径。如果确实有想要深耕的领域，那么选择一个细分领域读博，未来走科研或者教学方向都是可以的。但如果你只是觉得自己在市场中竞争力不足，期待通过读博来提高竞争力，那这个做法的性价比就不高。

换句话说，如果想拿到大多数offer，研究生学历（包括MBA）基本就够用了，为什么还要投入5年这么长的时间读博？（读博一般需要5年左右毕业。）大多数时候，不要为了一个可能的"加分项"，不计成本地花费时间和精力，回过头来看看，你可能有很多性价比更高的选项。

35岁+才做职业规划，来得及吗？

"人生永远没有太晚的开始。"——摩西奶奶

摩西奶奶，76岁开始作画，80岁举办个展，100岁启蒙了渡边淳一。而在76岁前，她还是一名农妇，每天挤牛奶、做农活，生养了很多子女，平凡如微尘。

"我要好好想一想人生的下半场应该做些什么有意义的事情。"这是苏世民60岁时的自我发问。

俞敏洪老师，在捐赠8万套桌椅，体面收场英语教培事业后，转行做直播，用行动诠释了"60岁再出发"。

可能你会说，这些故事的主角都是名人，对普通人是否同样适用？接下来咱们说说普通人的故事。

第一个故事的主人翁是阿宝姐，没错，我本人，写下这本书时我已经35岁+，刚转型做职场主播不久。这次转型我是在几年前计划的，当时一边在德勤摩立特上班，一边将短视频直播作为副业，两条路径我都有相应的规划。在短视频直播做得不错时，我以一场"提离职的直播"彻底转型。

我今年35岁+，我的短视频直播业务已经比较成熟，精心打磨的职场逆袭训练营在市场上基本可以说是"叫好"又"叫座"，帮助许多学员走出了职业迷茫，突破了职场晋升的"天花板"。但我又有了新的规

划，近期规划是出书提升个人品牌知名度；去读常春藤名校读MBA拓展资源，然后回国进一步做大职场规划项目，提高自己的公司品牌知名度。远期规划是在公司管理日趋成熟时转交管理权，在40岁+时投入10年以上的时间转行做小说剧本创作。与此同时，我会持续做我一直热爱的职场咨询的事业，并以此作为我的现金流来源和社交名片。我今天写下的每一句话未来不一定都能成真，但这些规划会始终牵引着我往前走，让我边走边不断探索，与时俱进，找到适合自己的方向。

很多人担心职场规划赶不上变化，那是因为规划做得不够好，和实际脱离太多，或者在变化来临时，不懂如何调整。

第二个故事的主人翁是我的学员小英。她是黑龙江人，35岁之前，一直在小企业做会计，月薪几千元。35岁之后，她才开始有了职业规划的意识，于是重新梳理自己的职场定位，拿到会计、财务、销售等几个岗位的offer后，做了充分的比较和考虑，选择了一家小公司的初级财务岗入职。入职后的两年内，她的职业规划是按照更高标准完成手头任务，此外主动思考业务，将财务分析渗透进业务，再积累更多相关行业的财务经验，同时考取相关证书。用两年的职场价值增长去加倍弥补个人年龄的劣势。

两年之后，再投简历看外部机会，如果可能，努力去行业内更高台阶的企业平台，再定向提升能力，再迭代。如果没有更好的外部offer，就留在原来的公司，继续提高综合能力，参与核心业务，往小公司合伙人的方向努力。

今年是我认识小英的第4年，她目前在黑龙江的一家中型公司，做财务与部分商务工作，工作能力得到领导的认可，属于公司核心骨干之一。所以，一开始个人底子薄弱没关系，通过合理的职场规划，只要4年时间，就能看到明显的进步，现在的她还在继续向前规划中。

什么是职业规划？职业规划指的是基于当前的职业起点和个人能力状况，去设计与搭建职场发展路径，实现未来的职场短中长期目标。和企业的业务规划是一个道理，企业正是基于经营现状来规划未来的发展和盈利目标的。不管是35岁，还是40岁、45岁，无非是一个年龄参数。规划的意义就是找到树立正确目标，用更短时间去完成能力提升，到达合理新位置的方法。

没有规划就像不设目的地，很容易走偏，也很容易停摆。 更何况，职场不进则退，35岁正是拼搏的年纪，你的存款还不够让你现在就退休，赶紧找对方向，使劲往前奔跑。

职业规划是一项技能，掌握这项技能的人，会将这种能力刻在大脑里，无论职场得意还是失意，都会习惯性地规划下一步，乃至80岁都不会改变和懈怠。 没有掌握这项技能的人，便容易在迷茫中踌躇：30岁、40岁之后再做职业规划来得及吗？

来得及，一切都来得及。

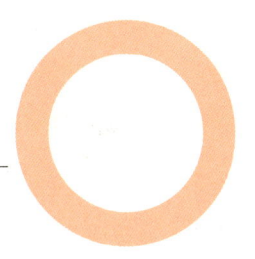

人工智能影响下的未来就业方向

未来已来。

作为"80后",我是经历过互联网从无到有的一代人。还记得初中时,班级里几个时髦的同学刚有了QQ号,便神神秘秘地交换QQ号,引得班上其余人好奇:QQ是什么?那是记忆中我第一次接触互联网。

后来,我的英语老师布置作业,要求我们必须以E-mail(电子邮件)形式将作业发到老师的邮箱。我记得当时我实在不会操作,只能去网吧,请网吧老板帮我发邮件,还给了他10块钱作为感谢。

那时发电子邮件还是个稀罕事。当时的我万万没有想到,10年后,这个叫"E-mail"的东西会变成我的日常工作工具。从个人电脑到互联网,再到移动互联网,这一路我经历了一次又一次的适应过程,也亲眼见证了父母辈的许多人在市场改制中下岗,在技术革新中再也无法重新上岗。

将这些经历与近年来人工智能的迅猛发展联系起来,我立马有一种危机感。

我曾受邀参加过百度无人车的试乘体验,当时无人车还没有对外部的市场开放,我深深震撼于驾驶员不用操作,汽车便自动跑完全程,红灯停绿灯行,礼让行人的场景。走到百度大楼内的中控室,我看到一个中控员可以同时控制数百辆车的安全驾驶、远程操作刹车等，更是为未来的驾驶员深深捏一把汗。

我在德勤摩立特曾负责过一个头部农业公司的项目，看到过自动管控大棚里的蔬菜长势喜人，智能病虫害防治系统让新农民手持平板电脑管理田地、控制无人机喷洒农药、投保基于大数据模型的农业保险……再看看零售业——智能客服、个性化推荐、库存管理，金融业——风险管理、投资决策、客户服务，教育业——个性化教学、智能评估、在线学习，建筑业——智能建筑设计、智能施工、智能管理……

我不由得感叹：在AI炒热市场之前，AI早已渗入每个领域中。未来已来！

未来有哪些职业将面临淘汰？我不是AI方面的专家，可能无法给出准确的分析预测，但我认为即使AI专家也无法给出准确的分析预测。毕竟AI技术还不够成熟，几乎每半年模型就会有新的重大突破，其中还会涉及政策法规等因素，每个人在AI面前都是学习者。因此，我仅基于个人的认知与思考，给出一些我的看法。

我认为要理解AI，**首先要区分AI和传统自动化的概念。**目前市场上已日趋成熟的自动化，取代了很多规律性很强的操作工作，而AI与之不同的是，它将人类很多的逻辑思考、分析决策、创意审美、语言表达的能力都数字算法化了。所以曾经的自动化程序只能取代基础操作类岗位，未来的AI技术则可能会取代更多深层次的岗位，比如调研分析类岗位、小说编剧等内容类岗位、设计美工类岗位、编程算法类岗位、教学培训类岗位……就算不能完全取代，AI也有机会在某些方面做得比人类更好。

之前，我在管理咨询公司做的一些初级调研分析报告，如果信息都是开放可以获取的，只要分析框架足够完整，AI确实有机会做得比人更好。事实上，不少咨询公司目前也都走上了数字化转型的路子。

那么，在这个趋势下，对求职的个人而言，需要注意什么，要做好哪些准备工作呢？

1. 在选择职业方向时，多考虑一些高创意、高综合应用知识、高情感社交的方向。如果同时具有技术背景，可以增加一些AI技术和AI应用相关的专业方向背书（如果无技术背景，学历一般，不要盲目学AI算法，目前AI的进入门槛还是相对较高的）。

2. 工作中保持对新技术趋势的关注和了解，对行业中关于AI带来的革新都要有一定的信息敏锐度。相应地，要不断微调自己工作的方式，抓住机会尽早迭代技术和方法。比如你是在某招聘网站公司工作，未来业内有另一家招聘公司先一步结合AI算法推出新的产品，你就需要保持关注，甚至先人一步去应聘。比如你是做ERP（企业资源计划）售前工作，如果关注到出现了结合AI算法的解决方案产品（比如AI客服系统），你就可以保持关注，积极接触新机会。

3. 提高自己的逻辑决策和整体操盘能力，为未来一人管理千军万马做好准备。

4. 关注市面上新的AI应用工具（如AI数据分析预测、AI设计等），积极学习，提高自己职业能力对市场变化的适应性。

5. 提高沟通能力，未来与AI协作，我们要能清晰准确地描述问题和诉求。

6. 未来10年，在还没有被AI大面积影响前，在相对确定中加速进入更高的职业发展平台，对抗后续的不确定性。

7. 理性规划，不过度焦虑，不盲目学习，不被教培机构"割韭菜"。

做好 AI 来临的七大准备

风险永远与机遇共存，如何抓住普通人的机会红利？

我有一个梦想，希望此生可以作为编剧创作一部重量级的影视作品，而我的阅片量和文案功底，相比许多科班出身的人，仍然有很明显的劣势。AI技术让我对未来有了新的预期，因为从当前来看，对于资料搜集分析、文案风格调整和润色等工作，AI将会越来越好地胜任，成为创作者的得力助手。我可以更安心地准备关于故事构思、框架、审美等内容。在AI技术成熟的时候，也许我就有机会迎风起飞。

我目前的公司主要是做职场咨询相关的业务，10多年时间里公司积累了大量学员画像和咨询案例，未来是否可以通过AI技术，培育出有市场竞争力的AI职场咨询师？……对于未来，我有很多构想。普通人可能无法利用资本和前沿技术的优势去抓住先机，但如果现在可以深耕某一个领域，未来结合AI应用技术，就很有可能抢占一轮新的风口。

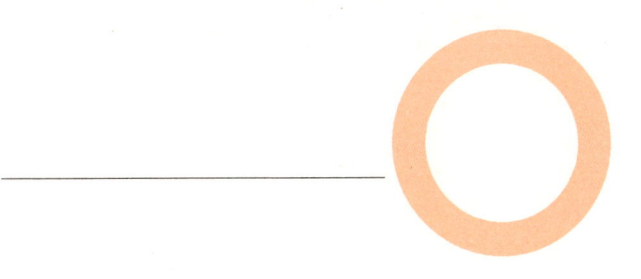

第二章 变局时代,

如何高效拿到心仪 offer

要想得到心仪的好工作，就要长远规划。

当竞争力不足时，

不要寄希望于一次跳槽就能成功，

不成功也没关系，

可以靠后续的迭代，不断接近你的目标。

不确定时代下的高效求职术

青铜把成功交给运气，王者将主动权掌控在自己手中。

"我是软件测试工程师，目前在大连，已经辞职半年了，没有找到新工作，怎样才能快速找到新工作？"

"我41岁，在制药行业做HR，有几家公司我特别想去，但我主动降薪对方也不给机会，而给我发offer的公司我看不上，被我拒掉了。我这个年纪还能找到自己心仪的工作吗？还是只能考虑自己创业这条路了？"

"我是34岁宝妈，离开职场空窗2年多，现在想重回职场，是不是很不好找工作，很怕找不到工作。"

"我学历普通，之前做过很多份不同工作，经历有点杂，还能找到比较好的工作吗？"

"这两年大环境不够好，是不是找工作很难？"

我经常遇到这样的提问，我的学员们向我描述完自己的情况后，忧心忡忡地问：我还能找到好工作吗？能！但是不能像以前那样找。

我先描述一下大部分人都是怎样找工作的：把简历往求职网站上一挂，等HR联系自己。当然，自己也会每天上求职网站，刷一刷，投一投，慢慢就发现，后面都刷不出来新的职位了，联系自己的公司少之又少，没有特别合适的。慢慢就开始心慌了。这时候，如果暂时还没有离职的话，可能把重心又放回眼前的工作了，跟自己说"再熬一段时间再说吧";如果是已经离职的,心态会更焦虑,但凡有公司表露出用人意向的,很可能就像抓住救命稻草一样,不管三七二十一先入职再说。等真的入职了,又觉得更迷茫了。

这种求职方式就相当于把成功交给运气。如果你想求职成功,还想找到满意的工作,就要换一种策略——撒最大的网,捕最大的鱼。

先列"求职目标清单"

先把自己想求职的行业、岗位全部梳理出来,按照"从易到难"的排序,在这个范围内"摸高"拿到最优offer。"摸高"的意思是全力以赴,做到极致。简历精修到极致,补充材料和信息,提高岗位匹配度;投简历不是只能依靠求职网站,也可以通过人脉找人帮忙内推;为面试做准备要做到极致,有时甚至要在面试被拒后想办法挽救。挽救不是简单地靠态度去恳求,而是针对目标公司定制优化的求职方案……

这些细节会在本书不同章节中逐一分享,但我们需要先明确一个概念:最优offer不是你脑中想象的,而是在求职市场中,切实投简历后对比得出的"最优结果"。可以参照下方的求职目标清单,像项目管理一样,把自己的求职目标列出来,然后去主动、批量地推进求职,得出最优结果。

目标岗位	目标行业	目标岗位职级	目标公司梯队	投递记录	面试记录

求职目标清单

想象HR的电脑里有一个人才库，他按照岗位匹配度设立优先级，从上到下联系，挖掘最适配的岗位候选人；那我们求职者的电脑里也可以有一个公司库，按照匹配度设定优先级，从下到上联系，主动争取当下最适配的公司给出的机会。

只要求职目标清单是完整的，有保底选项，大概率都能找到工作。只要求职过程全力以赴，得到的结果就是最好的。

有了目标再去全力以赴

有时候，我们尽力而为捕到的"大鱼"，可能距离我们心中理想的"大鱼"还有差距。

我第一次跳槽求职的时候，受限于我毫无竞争优势的学历和职业背景，我并不知道我能拿到的最优offer是什么样的。我对于能否加入顶级管理咨询公司不确定。因为求职过程中还有很多包括个人能力的展示效果、运气、公司具体的岗位缺口、我面对的潜在竞争对手、面试官当日的心情等在内的变量因素。

当我把"管理咨询公司"列在目标清单上以后，我就不能再为我能不能行而纠结，我要做的只有一件事：按计划有序执行，全力以赴。从小公司到大公司逐步测试，再把我曾经任职过的HR方向作为保底，确保能有工作。

一轮求职完成后，事实告诉我，受限于个人能力和机遇，我连顶级管理咨询公司的门都没摸到，HR咨询类岗位倒是得到了3家公司的面试机会，最后成功获得了两个offer，其他就是一些门槛更低的工作了。这就能很好地反映出，我当时的求职天花板上限大概在什么位置。几年后，我真正拿到顶级管理咨询公司的offer，是得益于我又通过两轮提升和跳槽叠加。

要想得到心仪的好工作，就要长远规划。当竞争力不足时，不要寄希望于一次跳槽就能成功，不成功也没关系，可以靠后续的迭代，不断接近你的目标。

如果我们不做好求职目标清单，即使拿到了几个不错的offer，你也不好综合比对。而求职目标清单可以帮你更好地做选择，避免陷入高不成低不就的窘境。

上述这套思维与方法，不仅适用于求职找工作，也适用于其他"寻访类"任务，比如HR招聘候选人，销售找客户，商务找合作机会，采购找供应商，投资人找项目，创始人找融资……以其中的"销售找客户"来举例，平庸的销售靠天吃饭，金牌销售则永远将潜在客户按级别分层，再针对性地制定自己的跟进节奏去触达和对接，业绩自然不会差。再比如金牌投资人，他们不可能只盯着自己想投的项目，而是一定会将项目做成目标清单，排好跟进优先级，最后实际成交的未必是自己心中的第一顺位，但一定是能拿下的最佳项目。至于当前无法合作的项目，说不定下一轮还有机会再入局。总之，不会让自己在高不成低不就的等待中陷入内耗。

变局时代，应对不确定性最好的方式，就是系统性地多线进行，寻找综合最优解。

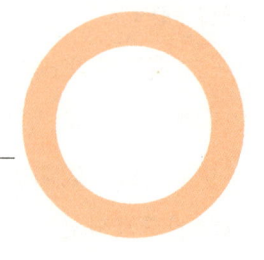

安排好求职时间，高效找到好工作

欲速则不达，正确的方法就是捷径。

找工作中最浪费时间的4种做法：

1. 没有做完整的求职时间计划，一旦面试时间互相冲突，就会影响面试，进而影响拿到offer。不仅如此，无法复盘分析求职过程，找出原因，也会进一步影响后续的面试调整与优化。

2. 没有做到尽力而为，原本有机会拿到更好的offer一步到位，结果只拿到一个一般的offer，未来还需要"二跳修正"。

3. 一开始定的方向不准确，投递简历一段时间后发现效果不好，又重新找方向和改简历。

4. 对喜欢的岗位方向判断失误，入职一段时间后，发现自己并不是真的喜欢，前面的时间投入也付之东流。

时间是我们普通人为数不多的可调配资源，时间的利用效率很大程度决定了一个普通人的职业发展高度。如果你可以遵循科学的求职时间管理法，就可以避免时间资源的浪费。

后文这张表是求职时间管理表，了解项目管理的读者，应该对这张表格不陌生——此表参考了甘特图模板。甘特图特别适合管控多任务并行的复杂项目，求职就是一个多任务并行的复杂项目。横轴是不同的任务，纵轴是时间，你可以利用这张表规划好自己的求职计划。

求职时间管理表

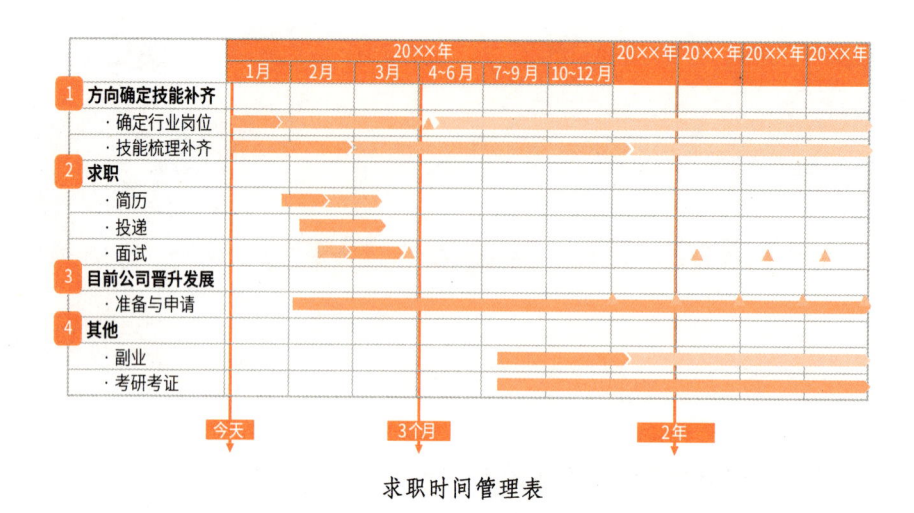

确定求职方向，梳理所需技能

求职的第一步是确定目标行业和岗位，否则就会不知从何下手优化简历和准备面试。确定行业、岗位是一个逐渐收拢的过程，本书第一章中已经详细阐述方法，这里不再赘述。基于我自己的经历和大量学员的实操经验，完成核心步骤所需的时间大约为两周。也就是说，给自己一个预期：两周内，你可以初步形成一个求职目标清单。随后，我们要针对目标行业和岗位，梳理自己的技能并查漏补缺。这个过程所需的时间，取决于你的目标行业和岗位的数量，以及转行和转岗的跨度，通常来说，两周至两个月不等。

有些朋友可能觉得这个时间有点长，尤其是在一个岗位工作超过10年的人，可能会觉得自己掌握新工作岗位所需要的技能轻而易举，第二天就能参加面试，结果一面试就失败，为什么？

"经验丰富"和"将多年经验按体系模块化地呈现出来"这二者还是有区别的，而后者的梳理需要时间。系统化地梳理意味着，我们不能只梳理过去的职场经验，还要查询那些有代表性的头部公司的岗位要求，形成更完整的岗位认知。这样就可以通过比对，看自己在之前的工作经历中具备哪些技能或者不具备哪些技能，查漏补缺。

有些朋友也可能认为这个时间短了，尤其考虑转行的朋友会觉得"毫无经验的我，得要先了解一下这么快能否知道需要具备哪些技能"，其实不然。针对转行所需的新技能，你现在无论怎么查资料、怎么报补习班，补的都是初阶经验，和实操经验是有区别的。我们可以评估一下，花1~2年时间先自学技能再求职，与花两个月左右时间快速补充初级技能入职相比，谁更划算。事实上，哪怕入职的公司小一点、职位低一点，我们也至少能在目标领域内积累更多有效的实际经验，为1~2年后的跳槽夯实基础，整体时间利用率是更高的。

还有一个本质的原因是，1~2年的学习和两个月左右的学习，对应聘一份你缺乏经验的工作来说，提升效果是差不多的。在本书的后续章节，我会展开分享如何快速学习新领域技能的方法。

我的职业生涯经历过多次大跨度的转行、转岗，看起来很复杂的岗位，只要用对方法，花两个月左右的时间来提升自己，为面试做准备是足够的，6个月的准备期就是上限，再花更多时间性价比就不高了。反观很多朋友，一开始没有设立时间预期，用错方法，花了几年甚至更长的时间，又是报班又是考证，折腾一圈，最后还是没摸到机会的大门，浪费了时间。

核心思想就是不要想着一步到位，"学习技能"和"谋求职业发展"，都需要通过多轮迭代加强，花在这两点上的时间要平衡，效率才最高。

为求职做功课

我敢打赌这本书的读者中，90%人的简历都是一晚上赶工写出来的，一定没有做到"深度挖掘"。什么叫好的简历？**好的简历就是和目标职位匹配度非常高的简历。**

这样的简历是"深度挖掘"出来的，撰写过程一般分成4个步骤：
1. 拆解目标岗位要求；
2. 针对性补齐所需技能；
3. 挖掘过往职场经历中的有效素材；
4. 按照最佳阅读体验，把这些素材组合成一个精装版简历。

这个撰写过程需要2天至7天的时间。

准备好一份好的简历后，怎么投简历也有技巧。有的人的简历就在招聘网站上挂着，自己偶尔也做一些定向投递。投了几次后，没啥结果就开始不知所措了。

那应该怎么投简历呢？**要像销售一样主动出击，管理好整个跟进的过程。**可以结合前一节中展示的求职目标清单有序推进，重点公司还需要一轮一轮地去跟进。比如第一周用渠道A投递，第二周跟进渠道A的反馈，即使对方没有反馈，也可以二度跟进，同时开始寻找渠道B同步投递。重点公司通常需要经过3~4轮的跟进，这样得到的结果才叫有效结果。同时，对一些普通公司开展批量海投战术，做到既有重点，又保证总量。整体而言，这个周期为1~2个月是比较合理的。

在投简历过程中，面试也会同步展开。通过这种成体系的投递简历的方法，面试时间会更集中。与此同时，用人公司的规模有大小之别，在选择面试的时候，要通过对比判断某一场面试值不值得去，这样也有利于提高效率以及控制在当前公司的请假次数。

关于为面试做准备，其实不应该在接到面试电话后才临时抱佛脚，而是要在制作简历时就开始进行，因为两者都是针对行业和岗位挖掘和组织相匹配的信息。所有面试进行到尾声，除了对offer进行比较，还要结合一些小策略，比如在入职时间的谈判与控制上，重要的offer要以"求稳"为先，避免因为入职时间影响了目标公司的录用意向；而对于保底型的offer，则可以推后入职时间，以留出间隙确认是否还有机会拿到更好的offer。总体来说，**要控制好求职节奏，尽可能在一轮求职中拿到最优offer**。

整个求职流程下来，大约需要两个月的时间。有些朋友问我，能不能1周左右找到工作？如果只是找份工作，当然也可以，但如果想"摸高"拿到最优offer，给自己1~2个月的时间来推进是必要和合理的。

关注目前公司内部的晋升机会

当面临选择"内部晋升"还是"外部跳槽"时，不少人会陷入纠结，其实这个问题的答案特别简单，同时比对就可以了。

对于内部晋升，每个职场人都应该要有计划，它不是单纯的一次晋升谈判。**事实上，我们每天的工作内容，包括项目推进、职场沟通汇报等，都是在为内部晋升做准备。只要你有晋升的企图心，就要时刻做好准备**。假如有一天，你获得了内部晋升的名额，你就可以更准确地比较内外部机会，从而做出更准确的选择。

外部跳槽是需要节奏的，限定好3个月左右为一个轮次，从准备简历到面试，再到比较offer，做好每个环节，验证你在市场上的价值水平。如果这时候有内部晋升名额，可以通过对比来帮助你决定是走是留。

我工作十几年，身边也有很多高管朋友，对于晋升大家都是类似的做法：每1~2年看一轮外部的机会，同时密切关注公司内部的晋升机会。

你可能会说，有的成功人士连续10年以上都在一家公司，也没有跳槽啊！但这并不意味着10年来，他没有做过内外部比较，他也许两条线在并行推进着，外界看到的只是他权衡利弊的选择结果。

留意其他附加值

关于考研、考证对于一个人职业发展的重要性，本书第一章里已经阐述过，这里仅从时间的角度给出建议。

无论考研、考证还是做副业，其实都是好事，但都会花费大量的时间和精力，不值得辞职去单独花时间准备。如果要提高效率，我建议在每一轮求职结束后，无论是决定留在现有公司，还是决定跳槽到别的公司，等职业状态稳定下来了（如通过了新岗位的试用期），在第二轮看外部求职机会的时间点之间（平均是1~2年），再安排考研、考证，开启副业。**切忌什么都想要，节奏很重要！**时间没平衡好，所有事情挤在一起会打架，把自己搞得心力交瘁，最后样样事情都做不好。

我非常喜欢一个历史人物——曾国藩，人们对他有一句评价是：又笨又慢平天下。这句话给了我很多启发。如果你希望实现一个较大的目标，而这个目标不会那么快就实现，你不能因为这个过程需要"较长时间"就降低预期，实际行动起来很拖沓。

当你用对的方法，有节奏地去推进时，你会发现，这个大目标好像也没有那么遥不可及。

"长期主义"是当代职场最大的稀缺品，坚守有方向、有节奏的"长期主义"，是成功的捷径。

三步看懂招聘要求

那些被你忽略的细节，可能恰好是制胜的关键！

下方是一则招聘职位说明，你看到了哪些重点？

战略分析师　　AI创新业务战略

职位描述：

1. 支持AI相关创新业务及产品的战略研究工作；
2. 深入了解AI赛道的动态和前沿趋势，识别行业机会，开展行业/公司/产品/用户研究并形成有价值的洞察；
3. 参与业务孵化与落地，支持业务落地中的目标与战略制定、业务模型搭建、项目管理等工作。

职位要求：

1. 本科及以上学历，电子工程、计算机等理工科专业优先；
2. 3~5年战略/创投/创业等经验，有前沿科技赛道战略规划或从0到1操盘项目经验者加分；
3. 具备较强的逻辑思考、结构化分析和跨组织沟通能力，熟悉战略规划、财务模型搭建等战略工作内容；
4. 自驱、好奇心强、长期主义，有创新意识，愿意主动了解新知识，并有意愿在新兴领域探索和成长；
5. 优秀的英文听说读写能力，有出海业务经验者加分。

（投递）

网上的一则招聘职位说明

很多朋友看招聘职位说明，主要看"职位要求"部分，比如上面这则说明中的要求：本科及以上学历……3~5年战略/创投等经验……优秀的英文听说读写能力……看到这些，不少求职者就开始心里打鼓了：如果不符合要求，是选择硬着头皮投简历，还是默默错过不要浪费时间？

那些成功逆袭的职场人，往往有着完全相反的操作逻辑。

第一步，通过看招聘职位说明，获取对于岗位的完整认知。

重点去看职位描述中与"工作内容、岗位能力"有关的部分，比如上面这则职位说明，可以提炼出"战略研究""识别行业机会""行业/公司/产品/用户研究""业务模型搭建""项目落地"等关键词。然后，再去查询其他企业招聘这类岗位的职位说明，综合归类有效信息，**目的是快速形成更完整的对于岗位的理解。**

然后，基于提炼的这些关键词，再展开研究，从流程、步骤、方法、标准、工具、案例等方面层层拆解，对职位说明有更深入的了解，从而让自己的简历得到最大限度的优化，面试也准备得更充分到位。

将你获得的信息套入硬技能、软技能、管理经验、行业了解、资源积累、个人背景这六大维度中进行归类总结，注意重点梳理除"软技能"和"个人背景"以外的四项，这会让你快速理解某个岗位的职位要求。

硬技能	和胜任岗位直接相关的能力（例如编程能力对于工程师岗位……）
软技能	时间管理（多任务并行）、沟通表达、情商管理、逻辑思维、商业思维……
管理经验	管理时长、管理级别（小组领导者/部门领导者/业务领导者/公司领导者）管理人数（X人团队）、管理范围（单店/片区/全国）、绩效指标（X万业绩）、特殊时期管理经验（经历公司并购重组、业务转型、公司裁员）
行业了解	所在行业、细分领域、市场年限、特殊应用与知识的归纳
资源积累	类别、数量、深度
个人背景	学历、英语、项目经验要求

职场竞争力的六大维度

第二步，回到自己的投递节奏中。

网上你看到的每一则招聘职位说明，都是"某一类岗位要求"和"某一家公司要求"的结合，也就是说，同一类岗位，如果招聘企业是大型公司、热门公司，整体要求会更高一些（比如对于学历背景的要求）；而如果是小公司，整体要求就会相对降低一些。

我们可以先选定岗位，按照头部公司的要求去准备，提高个人的竞争力。简历准备完毕，就回到自己的投递节奏中。可以先从小公司开始测试，一步一步慢慢积累经验和信心，不断向上测试入职头部公司的机会，逐步打破硬性要求，看自己最后能拿到多好的offer。

第三步，接到面试机会时，回看招聘职位说明，让面试更有针对性。

接到面试机会时，回看公司的招聘要求，做定向准备，让面试更有针对性。不要被罗列的招聘职位说明绑架，主动权始终要掌握在你自己手中！

回到自己的投递节奏中

03 再看招聘职位说明，让面试更有针对性

02

01 通过看招聘职位说明，获取对于此类岗位的完整理解

看招聘职位说明的三步法

不符合招聘要求，还要投简历吗？

越不符合，越要投。这绝不是意气用事。

我的一个学员大铭，想应聘外企的销售总监职位，可惜他英文水平非常一般，不符合外企对销售总监"英文流利"的要求，但出人意料的是，他最后拿到了某头部外企的SaaS软件销售总监的offer，为什么？

因为公司总经理认为，既有的团队架构里已经有一位英文很好的销售总监，而大铭的优势是，他加入后可以招揽更多本土客户。录用的人英文和各项能力俱佳当然最好，但基于眼下所有候选人的情况，从英文、经验、资源等多个维度权衡后，总经理还是决定录用大铭。同时，总经理为大铭在团队配置了英文不错的同事，可以辅助大铭对总部进行更好的交流汇报。

很多年前，我做猎头的时候，有一次，我们需要从三个进入终选的候选人中选择一位。A的管理年限和过往经验非常贴合招聘要求，但我们最终选择了B。为什么？B虽然在管理年限和经验这两方面与我们的预期相比稍显不足，但他在其他方面能力非常突出亮眼，且整个人表达时逻辑清晰，有担当意识……我们觉得他潜力更大，用人部门的负责人也更倾向于选择他，所有人讨论后决定录用B。

我自己也有过类似的经历。之前应聘头部管理咨询公司的战略岗位，他们对学历的要求很苛刻，而我的学历背景是远达不到对方要求的，但我最后赢了清北复交（清华大学、北京大学、复旦大学和上海交通大学的合称）名校毕业的候选人成功拿下offer。面试官明确告诉我，"在一些硬件条件上，你确有不足，甚至你还是转行过来的，但你在做案例面试（Case，咨询公司的一种特定面试形式）时，与面试官的互动，展示出了清晰的逻辑力和超众的表达能力，非常适合做顾问，所以我们破格录取你"。

从这三个故事里，你看出了什么玄机？学历要求、经验要求、语言要求……这些看似硬性的要求都是可以突破的。实际招聘时，用人单位并不会死板地将它们奉为圭臬。**候选人的能力是由多个维度组成的，招聘方需要看综合评分，每个人的评分都有不同的侧重点**。招聘方在放出来岗位后，也需要在一定时间内完成招聘任务。所以在复杂的筛选过程中，即使你有些硬性指标不满足要求，依旧有机会胜出。

不符合招聘要求，还要投简历吗？

会问出这个问题，揭示了我们的思维惯性。回答"不投"的朋友，没有错，只是思维惯性里"服从规则"的倾向性更强；回答"投"的朋友，说明"突破规则"的意识更强。当然，这背后还有更多复杂因素影响了我们的答案，但不妨我们将这个问题作为了解自我的一个思考点。

刚毕业的时候，因为学历背景不好，我的很多同学都主动降低目标，不给头部公司投简历；也有一些同学试着投简历给大公司，可一旦遭遇失败或者没有反馈，他们就马上给自己定性：不再考虑大公司了。我当时反其道而行，默默记下那些招聘门槛高于我水平的公司，作为我努力的方向，因为我知道，它们正是我未来要追赶的目标。

没有绝对不变的标杆，从校园到职场，评分体系变复杂了。硬性要求达不到的，不代表出局。从能改变的方面切入，提高可能性，只要评价体系的总分更高，就有机会突围。

招聘渠道的选择

招聘网站上找不到特别好的工作。

这句话听起来有点绝对,但如果我们对"好工作"的标准能达成共识,你会发现这句话说的可能是对的。

要理解"好工作"的标准,就要先理解招聘网站的角色。招聘网站其实是一个信息撮合平台,它是通过算法逻辑,让招聘方和求职方可以提高匹配的效率。也就是说,**招聘网站上的"好工作"其实只是"匹配度高的工作"**。这就意味着,如果你的学历、过往的背景不突出,在一些特别好的公司面前,你的简历排序不会太靠前。

招聘网站,对求职市场的"阶层"做了隐性划分。

如果你想突破"阶层",拿到更好的offer,就不能只是常规操作。试想一下,当你与一个学历和履历都比你更优秀的人共同竞争应聘头部公司时,从匹配的角度来说,你的胜算是不是没那么高?

那应该怎么办?过程决定结局。

跟进突围

回复突围

投递渠道突围

简历突围

逆袭突围

逆袭突围的过程管理

第一步，简历突围。

比如，对于工作经验的描述，有这两种：

"监控指标进度"。

"制定关键业务指标（如月均销售额、用户转化率），通过搭建动态数据分析模型实时监控各渠道表现，发现流量渠道转化效率低及用户复购率不足等问题，针对性优化广告投放策略与会员体系，实现转化率提升××与××季度销售额目标的超额达成"。

很明显，后者的表述更胜一筹，不是赢在字多，而是要找到岗位所需的核心能力，然后用匹配的方法论，突出细节、提炼亮点、不空洞地有效表述出来。

卷赢简历，是成功的第一步。

第二步，投递渠道突围。

企业官网、官方新媒体账号的投递入口、招聘网站、猎头推荐等等，都是投递简历的正规渠道，但如果想逆袭突围，我们就要在正规之外再找突破口。比如内推人脉渠道，根据"六度人脉理论"，通过6个人，你可以链接到这世界上的每一个人。现在网络这么发达，还有非常多的网络渠道，比如职场人脉社交网站、垂直社区、知识付费等，互联网降低了我们找到内推人脉的门槛。

第三步，回复突围。

无论是通过求职网站，还是人脉内推，除了发送简历之外，你会不会附上一封言简意赅又能证明自身能力的自荐信？当对方回复并追问你一些信息时，你会不会给出高情商的回复，以及补充更多有价值的信息来提高成功的胜算？你会不会把跟对方的对话当成"面试前奏"，开始证明自己具备清晰的逻辑力，为自己赢得好印象？……

是的，这些问题都会影响对方的判断，决定你能否突围成功。

第四步，跟进突围。

如果对方"已读未回"，或者交流几个问题就没有后续了，你会不会继续跟进？以什么样的频率跟对方互动？跟进的时候怎么说才能显得自然？怎样才能让对方重新对你产生关注，继续给机会？

面对结果不要自怨自艾，复盘细节，把每个环节做到极致。

缺乏成功项目经验，如何求职？

拆解对"项目经验"这四个字的理解。

很多人都会因为缺乏项目经验，在求职过程中没有自信。想要解决这个难题，我们不妨回到起点：求职的核心目标是要证明什么？是匹配度。围绕"匹配度"，你会发现，有些看起来像项目经验的，其实是无效经验；有些看似没有项目经验的，其实也可以创造"项目经验"。要记住，我们的目的就是**提高匹配度**。

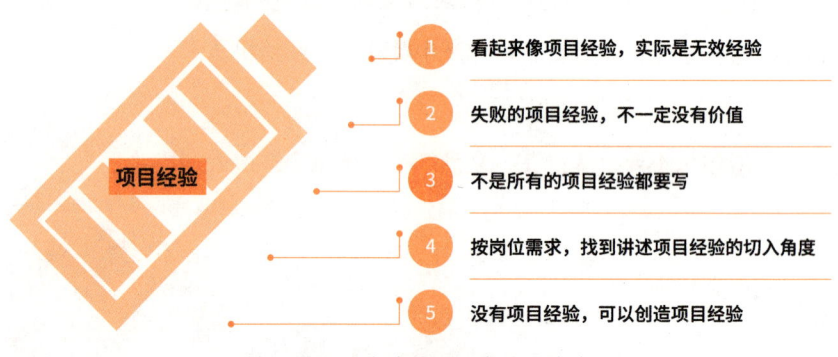

项目经验

1. 看起来像项目经验，实际是无效经验
2. 失败的项目经验，不一定没有价值
3. 不是所有的项目经验都要写
4. 按岗位需求，找到讲述项目经验的切入角度
5. 没有项目经验，可以创造项目经验

展示项目经验时需要注意的 5 个点

看起来像项目经验，实际是无效经验

小何有着10年以上的运营分析和线下门店管理的工作经验，想应聘某公司的电商运营岗。她着重描写了自己最有成就感的"3000万元回款

项目"和"在10个城市办事处完成从0到1的项目"。但这些经验，对电商运营岗而言，并没有那么高的匹配度。而如果展开她过往履历中的一些工作细节，比如店铺会员体系、客户投诉率管控、数据分析看板、某个节日活动的整体统筹等，都要比她着重描写的两个项目更贴合电商运营岗的需求。

所以，并不是之前做过的项目就叫"项目"，也不是你成就感高的项目叫作"项目"，核心还是要看你所应聘的岗位的需求。

失败的项目经验，不一定没有价值

小高之前在某国企融资岗工作，因为项目周期长等，他跟进的项目两年了都没有收尾，所以他跳槽时拿不出完整的项目经验。一个完整的项目经验描述，包括项目背景、关键环节、结果产出这些组成部分。如果你负责过的是一些不完整的项目，可以找出其中最有价值的部分，努力放大。

比如放大"项目背景"，让对方感受到两家公司在市场需求方面的共性，即使没有产出结果，但你熟悉市场需求，在分析结论、关键过程、经验总结等方面，都可能有对方想看到的有价值的信息。

再比如放大"关键环节"，让对方感受到你熟悉项目过程的各个环节，比如规划、估值、渠道谈判等，有能力，够专业，这些都是提高岗位匹配度的证明。

不是所有的项目经验都要写

我的学员万万，从事建筑设计工作，过往履历中涉及超过20个不同规模的房地产建筑项目，她采用列表的形式将所有项目的经验都附在简历后面，密密麻麻。

我见过很多类似这样处理的简历。我的另一位学员关关，她的履历中有各类医疗项目的落地实操经验，在应聘某药企的项目经理岗时，她也是通过列表形式将所有的项目经验呈现在了简历中。

如果你是HR，你看到这种简历会有什么反应？是不是也觉得信息太多了，没有突出重点？难道你指望HR花时间把列表里的信息详细地都看一遍吗？不现实。

那么，如何做到突出重点呢？首先，要明确应聘岗位的需求，比如建筑设计岗，要很清晰地知道有哪些常见的设计类型，尽量每种类型都覆盖到。其次，要懂得分析哪些是对方关注的重点，且自己的履历正好可以与之匹配，着重展开写。至于那些不重要的、重复性的经验，则可以删除。全是重点，反而没有重点。

按岗位需求，找到讲述项目经验的切入角度

写项目经验的目的是证明匹配度，那么讲述项目经验的切入角度就可以灵活处理。

比如，应聘财务分析岗，工作职责中有一项叫"看板搭建"，在HR看来，这不是"项目"，只是"日常工作"，但如果你需要在这块重点突出，也完全可以把它作为一个"项目"来展示。

再比如，应聘产品经理岗，关于一个项目的经验，切入角度可以是"从0到1上线××产品"，也可以是"××功能优化日活（日活跃用户数量）提升N%"，切入角度是灵活的，取决于你希望展示自己哪方面的优势。

没有项目经验，可以创造项目经验

我的学员小清，有着海外英文杂志主编和记者的履历背景，想转回国内应聘某大型公司的新媒体运营岗，她没有发布过或运营过图文浏览量、视频点击量10万+的作品，也没有搭建运营矩阵号的经验。

为了提高岗位匹配度，小清注册了自己的公众号和小红书号。通过几个月的运营，她积累了一些作品和初步数据。虽然数据还没有达到10万+的水平，但她在简历中直接展示了自己的这段"项目经验"，并且在简历后面附上了针对目标岗位的选题策划、账号定位分析、数据分析等内容，让用人单位看到了她善于思考和捕捉社会热点的能力。这大大提高了她与目标岗位间的匹配度，最后她成功拿下了offer。

没有管理经验，如何求职管理岗？

所有管理者，最开始都来自非管理岗。

无论外部跳槽还是内部竞聘，那些能从非管理岗一跃而上的人，一定有其过人之处。我分析了一下，有两个影响因素。

在当前级别，你是优秀的吗？

晋升到下个级别，你有潜力吗？

别人的好评不等于你优秀

关于"我是不是优秀的"这个问题，自己的评价很容易失真。

曾经我还在做HR咨询工作时，有一项工作内容是给客户做职位匹配培训。每次培训结束，我都会收到很多好评，客户甚至会告诉我，觉得我讲的比我领导讲的还要好，她是因为我才愿意与我们公司合作的。听到这样的反馈，我当时觉得自己一定是优秀的！

可到了年底，我并没有得到提拔，我以为是自己不会汇报争取，领导没看到我的价值导致的。后来，我离开公司，看到之前那些"能力平庸"的同事，也和客户相处融洽、打成一片，甚至还得到了提拔，我开始重新思考"我是不是优秀的"这个问题。

评价优秀与否有客观标准

如果只是基于我自己获得的信息和感受，来判断我是否优秀，是很片面的。客观公正的做法是，从工作本身的角度来判断。将工作拆分成模块，比如，对HR咨询工作来说，模块包括客户需求分析与产品设计、HR管理方法经验、调研统计、数据分析、职位匹配培训等等。每个模块都有不同的标准，比如数据分析，我当时觉得我"优秀"是拿自己和同级同事相比，认为我能快速掌握工作方法，分析报告做得又快又好。但事实上，整套分析逻辑的搭建都是我的领导完成的，我还没有能力独立完成这项工作。

所以，判断一个人是否优秀，不是主观判断，而要从"模块×标准"的矩阵维度出发，才能得到客观的结论。

优秀的人如何晋升管理岗？

为什么很多工作表现确实优秀的人，并没有晋升到管理岗呢？我以前做猎头HR的时候，经常会遇到同一家公司的员工同时来竞选应聘同一个管理岗位的情况。

比如，A业绩排名第一，是公司的金牌销售；B业绩没有A好，但做得也不错，可以打80分。几轮面试下来，我们最后把销售主管的offer给了B。你肯定很吃惊，明明A的业务能力更好啊！

那是因为，B在面试中体现出了更多管理方面的潜力，他能看到资源分配的问题，会给出合理的解决方案；他能从自己的业绩中总结出方法论；他能在日常打单过程中关注竞品动态，从而提出销售策略；他善于思考和总结行业的客户特点……所有这些，都体现了他在管理方面的潜能。

晋升管理岗，招聘方会综合判断应聘者在个人业务和管理工作这两方面的竞争力。

求职中，还可以用一些技巧佐证自己的管理能力。可以将管理能力拆分成更细的模块，例如业务决策的判断、目标的拆解、任务分配、进度管理、团队的搭建和培养、解决人员之间的矛盾……如果你在过往工作中，没有直接的管理经验，可以通过这些模块来佐证自己的管理能力。

再者，就算你不是名义上的领导，而只是某个流程的负责人，有听取别人汇报工作或者带新人实习生的经验，也可以作为证明依据。

找到标准，打破定义，努力证明！

创造从"没有"到"有"的跃迁。

求职中，有效借助猎头事半功倍

想借助猎头，先搞清楚什么是猎头。

有人觉得猎头是接近HR的角色，负责面试筛选，还会帮HR谈工资待遇；也有人觉得猎头是提供工作机会的中介，是维护应聘者利益的，一旦推荐成功，他们能拿到佣金……如果不能明确猎头的角色作用，就无法充分借助猎头，实现求职目标。

猎头确实是"撮合"应聘者和用人单位的"中间服务商"，他们的收益确实是以成功推荐候选人来核算的。但这并不意味着为了拿到佣金，他们就会海量地推荐简历，以此提高成功率。理由很简单，**成功率的关键不在量，而在于简历与用人单位需求间的匹配度**。如果推了很多简历，却没有合适的，HR会觉得猎头在浪费自己的时间，转而和其他猎头合作。

所以，**猎头必须对候选人精细筛选**。同样，求职者与猎头的每次沟通都不能掉以轻心。猎头的面试，从求职者接到电话讲第一句话的那一刻就开始了。

当然，**猎头也希望你可以通过HR的面试，提升自己的业绩**。所以为了提高候选人通过面试的成功率，很多猎头会帮候选人改简历、打磨面试细节，甚至透露一些面试信息。但猎头又不敢过分帮助你，影响HR评判的准确性，因为如果你入职后不能通过试用期，猎头同样拿不到佣金。猎头甚至还会为你做职业规划，悄悄管理你的预期，以免你入职后没到试用期又离职了。这样的话，猎头的佣金又泡汤了。

所以，猎头一直在"帮你"和"考你"这两重任务中找平衡。

如果你理解了猎头背负的这些复杂的任务和需求，就能得到猎头最大的助力。下面我总结了四个方法，也许会给你提供一些思路。

```
          控制沟通的节奏  节奏

谈薪资环节多借力  谈薪        维护  对猎头进行日常维护

                 资源
          利用猎头的资源帮你"牵线搭桥"
```

借助猎头的四个方法

方法一：控制沟通的节奏

猎头第一次联系你的时候，可能你还没准备好简历，这时是赶紧把手头不够好的简历发给猎头，抢占先机，避免错失机会？还是拖延一些时间，把简历准备得更完善之后，再发给猎头呢？

这时候需要博弈一下，基于目前的简历完善程度，大致判断是即刻发出去的风险高，还是拖延几天的风险高。如果决定拖几天，也得有"拖"的策略，比如在电话中透露自己的匹配度和亮点，让猎头觉得你的成功率很高，这样猎头就会调整招聘节奏，尽量等你。

一个技巧是，每次和猎头沟通，都要做到"给5分拿5分"，给5分的意思是，给出去一部分信息，提高猎头对你的信心；拿5分，就是说要从猎头那里拿回来一些有效信息（关于岗位的信息、面试官的信息，之前推荐过的候选人成功或失败的经验）。

博弈策略的核心就是，猎头会在成功率高的候选人身上投入更多的时间，给予帮助。

方法二：谈薪资环节多借力

谈薪资环节，很多候选人喜欢绕开猎头，直接和HR谈，觉得这样效率更高。其实不然，因为一旦谈崩，就没法补救了。要学会借力，猎头是一个中间人的身份，了解两头的诉求与薪资预期，他会尽量找到平衡点，也就是双方都能接受的中间值。

这与其他行业的中介性质差不多，比如房地产中介，会先分别和买家、卖家谈预期，沟通得差不多了，再让双方最后拍板成交，以此降低谈崩的风险。

在这个过程中，我们要结合对猎头身份的分析，提高自己的沟通技巧，不要被牵鼻子走。

方法三：利用猎头的资源帮你"牵线搭桥"

猎头手里的生意通常不止一门，一个猎头可能会同时处理多个行业的多个客户的招聘工作。所以我和猎头建立联系的时候，经常会补一句话：我身边有××类型的朋友，如果他们找工作的话，我也可以推荐给你。这样猎头会觉得我有更多价值，我们之间有利益联结，从而更好地促成我成功面试。

这样做的好处是，求职者能得到更多来自猎头的价值回报，比如帮忙牵线搭桥，把求职者推荐给其他猎头，提供其他机会，等等。当然，前提是求职者足够优秀，职业规划也非常清晰。"价值交换"是建立关系最高效的方式。

方法四：对猎头进行日常维护

很多职场精英都在做一件事情，那就是不断筛选和积累有价值的猎头资源。我身边不少企业高管朋友，他们与一些猎头保持着比较好的关系，会定期约出来一起吃饭，交流求职市场信息。

为什么要维护猎头资源呢？随着了解与合作的加深，有些猎头会像你的私人职业顾问一样，特别了解你的需求，获得适合你的机会资讯时，会第一时间与你沟通。有些猎头手里甚至会有用人单位还没有公开发布到网站的求职信息，可以优先推荐你，帮助你抓住先机。

换位思考和价值共赢，是达成所有合作的底层逻辑。

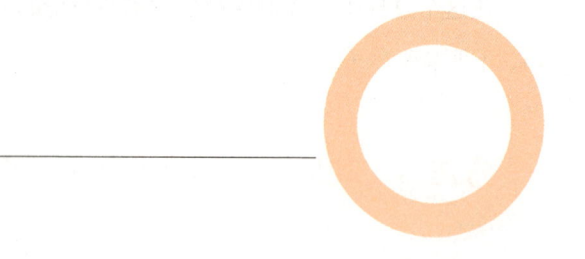

如何判断一家公司是否值得去?

判断事务的逻辑要学会抓大放小,抓住核心才是关键。

小李是医药行业的IVD(体外诊断产品)注册主管,裸辞后,跳槽去了一家小型医疗器械公司继续做注册岗的工作。他发现新工作对应用物理学的背景有较高要求,而自己并不擅长。基于过往生物学方面的从业背景,他认为还是回去做IVD注册主管比较适合自己,所以又重新找工作,拿到了一家上市公司的IVD注册主管的offer。但很快小李发现,这家公司的网络风评不是很好,有一些员工评价领导一言堂,内部做事来回"踢皮球",氛围不好……

看了这些评价,他又犹豫了,问我:还该不该接这个offer?

在一堆纷繁的信息面前,要明确大逻辑和小逻辑,分清主次。首先要考虑的是大逻辑:怎么先跑通自己的职业规划路径?

案例中的小李,很明显没有清晰的职业规划路径。先前他所就职的两家小公司背景一般,因此履历缺乏成熟平台背书;转行失误后,又希望重新回到原来的行业岗位。站在职业规划的角度,我们会像下棋一样,和时间赛跑,尽快做好关键布点来增加履历的分量。如本书第一章中所述,行业、岗位、公司平台大小是非常关键的3个布点。

如果是简单的二选一，**大逻辑是谁胜出就选择谁，如果运用大逻辑判断二者平分秋色，我们再动用小逻辑，去评判更具体的维度**，如网上风评、内部消息等。当然，不仅仅是这些，还要看公司的财务情况（要融资还是自负盈亏），有无知名投资机构介入，公司规模（盈利水平、人员数量等），经营历史与发展速度，行业内竞争地位，有无拳头产品，上下游客户情况，总经理背景，等等。然后你会发现，网上风评和同事八卦传言的影响占比很小，你要是去问，10家公司里有8家会有内部"踢皮球"的问题，而所谓的谣言八卦真假难辨……相对来说，还是要把关注点放在更重要的维度上。

简历投了很多但还没有找到心仪职业的人，很多都是把关注点放错了，过于看重小逻辑中的部分因素从而错失良机。毕竟有的问题不是通过跳槽换环境就能解决的，如果挑来挑去，一直没有抓住大逻辑，关键坐标没有提升，职业发展的路径就会出现断层。

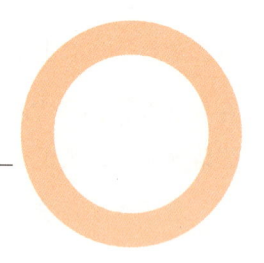

如何权衡比较，选择offer？

先理性对比，再感性听从内心。

日常生活中，我们经常会面临选择，比如在几所大学里选择哪个就读、几个专业里选哪个，乃至面对好几个offer、几套房源、几个菜馆……当必须在多个选项中选择一个时，我们就容易陷入犹豫不决，不知如何选择。

纵观我10多年的职场生涯，和共事过的企业高管身上，我意识到，"会做选择"本身就是一项能力，而且可以不断发展精进，可以从逻辑、工具、心态几个方面来提升。

比较维度	权重 （3 最看重、2 一般看重、1 最不看重）	offer1	offer2	目前公司
		（3 非常好、2 一般、1 不太满足）		
行业（规模/发展）				
岗位（核心程度）				
公司（规模/发展）				
职级、管理范围、未来空间				
城市				
薪资福利				
工作生活平衡				
整个履历故事的串联价值				
万一失败退回本行的难度				
工作环境、企业文化等				
领导风格				
		总分	总分	总分

offer 比较工具

从逻辑来看offer的选择比较，在上一节中有提到，分为大逻辑和小逻辑。将这套逻辑进一步完善后，根据前面的offer比较工具，可以帮助我们更理性地做出判断。

第一列是offer比较中经常用到的维度，第二列是针对不同维度赋予的不同权重，右边三列是求职者根据具体情况给每个offer的打分（表格中只列了两个候选项，如果有多个可以都列出来做对比），最后将分数与权重相乘，就可以得出加权总分。

得出的具体数字，以及这个过程中的分析思考，都能给求职者做选择时提供一些客观理性的参考。

关于权重，每个人心中都有自己的倾向性。对不同职业阶段的人来说，有一些通用的准则。

如果是职场新人，职业规划还没有打好框架，或者还是普通员工，没做到领导或者核心岗位，又或者就职过的公司属于中等偏下规模，那么，行业、岗位、公司、职级、城市、薪资福利、整个履历故事的串联价值这些维度的权重就会更高，对应的分数也更高。

而到了职业生涯后期，也就是做到中层管理以上，"领导风格"的权重会变得更高，因为预计在未来较长时间里，你可能都要与公司里的某位高层领导绑定，配合他一起做出真正的管理业绩。在这个过程中，领导的决策方向与你是否一致、处事风格与你是否默契互补，都会影响你能否做出成绩。

事实上，在职业生涯的前中期，"领导风格"这个因素的权重，总是被很多人高估了。

理性的因素都考虑完毕了，有时依旧会面临两难决定。

我当年离开Mercer的时候，同时拿到了TW（韦莱韬悦）和LinkedIn的offer，前者是我上家公司的竞品公司，可以理解为高薪挖角，后者是全新领域，是一个新机会。我从行业、岗位、职级、薪资福利、整个履历故事的串联价值、万一失败退回本行的难度、工作环境文化7个维度进行了综合比较，这两个offer各有利弊，难分伯仲，这时候怎么办？Follow your heart（跟随你的内心吧）。

我的学员小安，在华为线下体验中心和某传统零售公司给出的两个offer之间做完理性分析，也是难以抉择，最后跟随内心天平的倾斜，入职了其中一家，并在工作中遇到了人生的另一半。她非常庆幸自己当初的选择没有错。

世界上很多事情，本就没有最佳选项。把理性逼到死角，非要分个高低优劣，是很多人的痛苦来源。

给"选择正确"多一点多样性的空间。

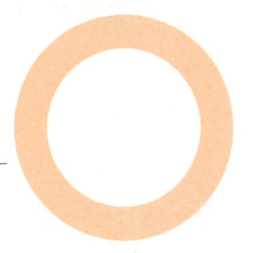

如何高情商拒绝不想去的offer？

合理的逻辑，是高情商拒绝的前提。

如果收到offer，但对方给出的条件并没有达到自己的预期，这时要如何巧妙拒绝呢？高情商地表达，既能做到礼貌拒绝，又给对方留下好印象，也许未来还有合作的可能。毕竟职场江湖那么大，谁说得准呢？有的人想拒绝offer又想不到合适的理由时，就会说自己可能要回老家了，或者编出一些看上去就很假的借口，甚至还会因为不善于处理这种场面，索性就"失联"，这些都不是恰当的处理方式。

我有一个好友目前已经是某顶级广告传媒集团的中国区二把手，多年前，她刚回国的时候，拿到一家顶级投行公关总监的offer，但就在入职第一天，她的前东家也给她抛来了橄榄枝。她深度分析了两个offer：投行以金融业务为核心，公关属于内部职能部门；而广告传媒集团里的公关，属于核心业务部门。再结合各方面因素综合考量，前东家给出的offer是更优的，所以她当即决定从刚入职的这家公司离开。补充说明一下，对她而言，两个offer所对应的个人职业发展规划区别较大，如果只是相差一点点，可能就不值得做出这样的调整。时至今日，我的这位朋友依旧就职于前东家，发展得很好，印证了当初的选择是正确的。

当时，她向刚入职的公司高管很真诚地表达了自己拒绝的理由，对方表示遗憾但能理解和接受。之后双方依然保持联系，甚至还有几次合作的机会。

合理的逻辑，是高情商拒绝的前提，而合理的逻辑建立在对自己职业规划有完整清晰认知的基础之上。有合理的逻辑为前提，高情商才有发挥的余地，具体可以参考以下话术。

| 深度感谢 | 价值强调 | 计划之外 | 明确结论 | 拒绝逻辑 | 深度道歉 | 未来补救 |

七步拒绝法

感谢您给予的offer，这是对我的认可，也感谢您在我面试求职过程中提供的××帮助（**深度感谢**）。像我之前表达的，这个offer匹配了我的××价值经验，符合我追求的职业目标（**价值强调**）。但是，昨天出现了××特殊情况（**计划之外**）。我很抱歉，我要拒绝这个offer了（**明确结论**）。结合个人职业发展的合理逻辑，我个人更倾向××选择（**拒绝逻辑**）。非常抱歉，浪费了您宝贵的时间，也影响了贵公司招聘流程的正常运转（**深度道歉**）。我不知道自己还能做什么来弥补，如果我身边有合适的候选人，我一定推荐给您。未来我去到其他领域，可能还会带来××机会……希望能添加您的微信，保持联系，未来还有合作可能！再次表达我万分的歉意（**未来补救**）！

好的拒绝，是一段新关系的开始。

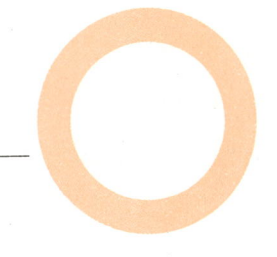

降薪的offer，能不能去？

先确认是不是只有这个机会了？如果是，只能去。
但很多时候，都不是。

我的学员孟孟，已经做到市场渠道总监的职位，管理着上亿元规模的市场，年薪90万元，最近考虑跳槽，拿到了两个offer，都是非管理级别，且薪资几乎折半。孟孟陷入自我怀疑，是因为最近市场大环境不好，我只能降薪入职吗？还是说因为自己已经45岁+的年纪，市场只能开出这样的薪资？

我们在考虑要不要接受降薪的offer时，应该后退一步，先验证自己是不是真的只有眼前这个机会？孟孟在验证的时候，意识到在拿到这个offer前，求职过程并不是完全体系化的。也就是说，她没有按照求职目标清单，完成精细化简历、内推、失败后争取、系统投递比较等一系列操作。因此，她无法明确判断在求职市场上，这个offer是不是她真正能拿到的最优offer。于是，她决定把简历投给5家更好的公司，将求职结果与这个offer进行比较。不久，她就收到两家公司发出的面试邀约，**这就证明她的求职还没有结束，之前的offer并不是她的唯一选择。**

事实上，在我看来，她的综合能力很强，加上45岁+的年纪（有10余年管理经验），结合当前的薪资水平，与市场上七位数年薪的市场渠道总监的画像是匹配的。经过这个过程，她消除了自我怀疑，重拾信心。

最后，孟孟也的确拿到了超百万年薪的offer，回到了正常的职业发展轨道中。

好险，差一点，就和百万年薪擦肩而过了！

这种案例我经常遇到，有些求职者因为收到降薪的offer而陷入自我怀疑，其中不乏和孟孟一样，本身是履历优秀的佼佼者。做决策的核心还是要通过薪酬数据参考表（具体见"怎样才能拿到有百万年薪"一节），以及"职场竞争力的六大维度"（具体见"三步看懂招聘要求"一节）来客观理性地判断自己目前的职场处境与优势、劣势，从而梳理出合理的求职目标清单。通过目标清单求职法，进一步验证自己本轮求职的天花板。我们甚至可以参考降薪的offer，针对性地找到比它更好的公司和岗位，积极去做求职准备，以此验证是否有机会求职成功。假如真的失败，再接受眼前这个降薪的offer，作为托底选择。

还有一种特殊情况，也可以接受降薪offer：**为了长远的更高的发展目标，接受短期的薪资降低**。比如为了去更核心的岗位，岗位未来天花板更高，因此可以接受转岗的短期降薪；再比如，之前是小公司的高管，为了拉高未来职业发展的天花板，跳去更大的公司做中层管理，因此接受薪资在短期内比之前低……但友情提醒，即便是类似这种情况，薪资也不应出现大幅度下降。像孟孟那样，薪资砍半的，还是要三思而行。

职业生涯的每一个关键选择，都不能草率对待。

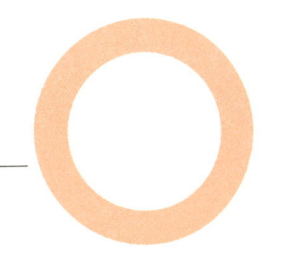

背景调查的注意事项

以温和的视角和平常心看待背景调查。

还记得我第一次跳槽时,面试我的HR让我提供前公司领导的联系电话,要对我进行背景调查,调查通过才能发offer入职。我当时吓得不轻,一是第一次遇到背调,不知道对方这算不算合规操作。再者,我当时还没离职,如果被领导知道我正在找工作准备跳槽,万一最后背调没通过,我岂不是连眼前的工作都保不住了?人性是可以信任的吗?如果前领导在背调中胡说八道故意阻挠怎么办?……

随着职场经验的增长,我应对背调的心态和方式也日趋成熟。我觉得很有必要写下与这个主题相关的内容,帮助那些依旧在迷雾中的读者越过阻碍。

事实上,我们在求职过程中,不仅我们自己希望能成功入职,HR也有同样希望。因为对HR来说,招到一个人就完成了一个指标,意味着达成业绩。所以要知道,背调的目的不是设关卡故意找碴儿。即使背调没有通过,HR也会根据具体情况进一步判断,有的时候,甚至可以等候选人入职后,再通过试用期来评判。对于背调结果,如果有不公允的情况,我们也可以提出异议给出说明,申请更换背调人再做一轮背调。所以,调整心态,背调整体的基调是温和的、中立的。

常规情况下，用人单位的HR会通过发邮件或者口头传达得到你的授权，然后才会启动背调流程（如果此时对方还没有发出offer，你还没有对当前公司提出离职，可以要求HR先背调简历上除当前公司之外的其他公司）。之后他们会向你核对一些信息，其中就包括背调人的联系方式（当然，执行背调时，他们不一定会采用你提供的信息，也可能会打电话到公司前台去了解）。背调执行完毕，HR会形成一份背调报告。

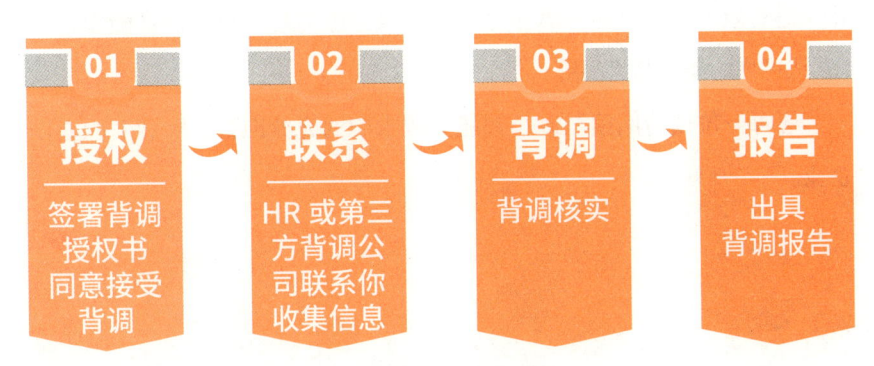

01 授权	02 联系	03 背调	04 报告
签署背调授权书同意接受背调	HR或第三方背调公司联系你收集信息	背调核实	出具背调报告

背调常规流程

背调的问题，一般包括"个人背景信息"和"工作表现"，前者就是你之前担任的岗位名称和工作的起止时间之类，后者就是你的就职表现、优点、待改进的方向以及团队合作的表现等。其中，"个人背景信息"的真实性是最严格的考察点，比如"起止时间"如果对不上，肯定无法通过，这是诚信问题。

如果只是普通岗位的背调，相对还简单，级别较高的管理层的背调会更加复杂。

应对背调，可以做这些准备：在得知用人单位要做背调时，马上联系相关同事，提前打招呼，告知他未来一周需要注意接听电话，然后与他提前确认职位、共事关系、共事时长等信息，请对方给予支持。我自己就经常帮前同事做背调，每次得知谁填写了我的名字，接下来一周我就会随身带笔记，以便临时接到背调电话，对方问起一些信息时我可以快速清晰地回答，这样可以帮助前同事顺利入职。

如果你做完以上这些准备，还是担心哪个环节会出岔子，影响自己顺利通过面试，怎么办？职场如人生，不存在绝对的万无一失，调整心态，做好准备，与不安全感和解，把自己能做的环节尽力做好就好。另外，最有效的办法就是争取多个offer，以分散风险，提升面试能力，让HR认可你的能力与人品等。

愿每一位读者阅读至此，都能完成求职的充分准备，顺利入职心仪企业。

第三章 面试的本质,是匹配你的职场优势

先知道自己的胜算在哪里，

再通过沟通技巧

帮助自己展示优势，拿下 offer！

为什么你的简历总是石沉大海？

匹配度才是衡量简历好坏的最高标准。

十几年前，我做猎头的时候，帮候选人改过上千份简历。后来，我带了数万名学员。我发现了一个秘密：找不到工作的时候，很多人会归因给一些大的事件，比如大环境不好、年龄问题……

事实上，**90%以上的人得不到面试机会的真相就是简历写得不好！**

做个简单测试，你觉得下面这段对工作经历的描述写得如何？

·新人培训：基于××半导体套件研发后培训课程，与××VP及人事总监确定课程可行性，后于2022年5月开始实施，包含制定课程表与考核内容，完成5期培训，共培训30周，参与培训的新人共有61人。

·产品研发：××产品团队基于××代码框架升级产品后，本部门需要基于××主研发的低代码框架××更新产品的客户端，共升级了5个版本，平均每3个月迭代一次，在标准产品的基础版本上完成项目定制的需求，并及时完成项目版本的发布。

·项目管理：部门需要承担多个项目的发布任务，达到准入准出的交付模板。12名团队成员在驻场与远程配合的模式下完成项目的研发、培训。为保证远程项目开发的质量与集成测试结果，在团队内部搭建测试团队，进行系统性的测试。

你可能会觉得，写得还行，格式规范、要点罗列清晰，可能美中不足的是没有业绩数据。其实这份简历的核心问题在于和应聘目标之间的匹配度太低。

业绩也好，数据也罢，这些佐证都是为了提高与应聘岗位的匹配度。

我和这位学员交流，你想应聘什么岗位？学员说想应聘产品经理岗或者项目管理岗。再看看这份简历，如果要应聘产品经理岗，它没有充分体现做产品经理所要求的工作内容，比如用户需求分析、市场与竞品调研、产品功能设计等；如果要应聘项目管理岗，它也没有充分体现做项目管理所要求的工作内容，比如项目计划、风险预算控制、项目中的协调沟通等。而不管应聘的是产品经理岗还是项目管理岗，在呈现关于"研发"的这段工作经历时，都可以对侧重的角度和表述的方式再做优化调整。

关于简历中的第一条"新人培训"，我猜想他是想证明自己有管理能力，或者压根没细想，只是近期刚做了这么件事情，觉得很有成就感就写了。但是，简历是给招聘方看的，简历中的每一个要点，都是为了证明你符合要应聘的岗位要求。如果是为了展示管理能力，那么标题可以改为"团队管理"，其中应包含除了新人培训外的更多信息。

很多人的简历内容，都是围绕自己做过的事情去呈现，而好的简历要换位思考，站在需求方的角度去设计先后顺序、内容比例、侧重点。

01	02	03
拆解岗位要求	梳理匹配素材	覆盖核心要点

简历匹配度打造三步法

简历匹配度打造三步法：

第一步，参考本书第二章中的招聘要求拆解法，拆解目标岗位的要求；

第二步，围绕目标岗位的要求，梳理过往能匹配目标岗位要求的经历、案例，还可以做适当补充；

第三步，简历中的每一段经历，尽力覆盖至少一个核心要求，所有经历相加，尽可能充分覆盖目标岗位的所有核心要求。

简历也是一场"沟通"，是在获得面试之前的"纸上沟通"。所有沟通都要换位思考。

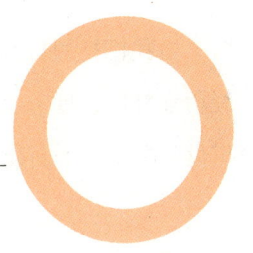

满分简历——"谋篇布局"

如果把简历当成一个棋盘，想要获得面试机会，就要懂得谋篇布局。

当我们把目标岗位的要求拆解开，也针对要求梳理出了有匹配度的经历素材后，要怎么将这些信息排列组合，合理地呈现到简历这张"大棋盘"中呢？下面我列出四个要点供大家参考。

要点一：过往工作经历描写的段落与布局

应急响应：在为全球客户提供技术支持时，面临突发的硬件故障、软件异常或系统宕机等应急情况，作为应急处理团队成员迅速启动应急预案，运用过往积累的技术知识和快速诊断工具，成功在最短时间内恢复系统运行，减少宕机时间并降低对客户业务的影响。

故障解决：当存储产品出现故障时，承担解决故障确保业务正常运行的任务。凭借对硬件设备的熟悉、对软件系统的深入理解和丰富的维护经验，通过针对性的检测、修复或替换，高效解决故障，确保相关设备和系统的稳定运行。

解决方案：针对客户在使用存储产品时遇到的硬件兼容性、软件异常、网络配置错误等问题，负责制定全面的解决方案。通过整合技术资源、参考项目经验及与多部门协作，确保问题彻底解决并防止复发。

远程支持：当客户报修的问题不明确时，提供远程支持。借助远程日志收集、监控工具、远程登录及会议系统，结合专业技术知识进行诊断和修复，获得众多客户的认可，确保系统稳定运行。

沟通协作：处理性能优化、非明显故障及多系统关联的复杂问题时，与研发、投诉管理及其他相关团队密切协作，全面分析问题根源并制定创新解决方案，有效减少客户投诉和降低业务中断风险。

业务支持：在全球客户的日常技术支持过程中，深入挖掘客户潜在需求，成功发掘多个商机并将其转化为销售机会，积极支持公司业务拓展。

服务指标： 通过合理安排团队资源、优化工作流程及加强与客户沟通，超额完成公司设定的各项服务指标（如响应时间、解决率、客户满意度等），并获得客户和销售团队的认可。

项目经历： 在××项目中，负责处理客户机器的预防性警报，提供邮件和远程技术支持，成功提升产品销售机会。在××项目中，通过处理预防性警报并提供技术建议，成功识别市场机会，提交了多个销售线索，并提升客户满意度。作为团队领导，分析每月数据变化，提出改善建议，实现65%的自解决率，并有效减少投诉率。

技能提高： 通过参加××研发部门的技术培训，不断提升技术能力，能够应对多领域的复杂技术问题，适应工作需求并解决实际问题。

简历示例

这是我的一个学员的简历，他在大公司里做过技术实施组长，简历中对过往工作经历罗列得有点多，要点和要点之间也没有一个清晰划分的逻辑。我带着他尝试做了下面的修改，投递效果立马提升。

· 负责云存储、××类型产品的技术支持，汇报给××，主导过××项目拿到××关键成绩。

· 主导××公司亚太地区××技术支持项目，通过××，达到××服务指标响应率及满意度优秀水平。

· 主导……

· 擅长复杂技术问题解决。

· 应急预案制定与响应：××场景，××操作，让设备N小时内恢复正常运转，降低损失。

· 技术故障解决：对××技术故障××处理，保证业绩目标。

· 跨部门沟通协作。

描述每一段工作经历时，尽量做到一条要点、一个主旨。也可以采

取总括句加分点论证的形式，来放大某些能力要点。

要点二："工作经历"与"项目经历"的布局

很多人把握不准，写简历的时候，如何区分"工作经历"与"项目经历"。其实，这二者并没有鲜明的界限，都是针对同样一份工作经历，只不过撰写的角度不同而已。

一份简历中，不一定必须有单独的"项目经历"模块，如果"工作经历"能足够充分证明自己满足岗位要求，也可以将项目案例融入"工作经历"中。有时候，我们为了突出工作能力比如，用一段项目经历来证明自己有完整操盘一个项目的经验，或者在"项目经历"模块突出呈现自己某方面的能力，也可以选择把这样的素材放在"项目经历"中去强调。

甚至，有时候你在前公司没有负责过一个完整的"项目"，但你就是希望放大某种工作能力，也可以给这段工作内容起个"项目标题"，叫作"××优化""××分析项目"，借用"项目经历"的模块放大呈现工作能力。

写一份好的简历，唯一的原则就是突出工作能力，证明自己与岗位要求的匹配度。

要点三：第一页和第二页的布局

简历的内容要写很多吗？很多人还会纠结，简历写一页还是两页？其实一页还是两页，问题都不大。核心是，如何前置展示自己的优势？——重要的往前放！

我的学员小莫，他的职业经历属于比较典型的"高开低走式"——之前供职的公司更知名，跳槽后工作的公司反而在平台和影响力上都略逊一筹。修改前，他简历的第一页被个人优势总结和最近一段工作经历填满，第二页才出现曾经在知名企业工作的信息。我们修改简历的逻辑应该是压缩不重要经历的篇幅，保证在知名公司工作的信息放在第一页呈现，同时在篇幅和视觉上突出对本次求职更加分的信息。

所以，写简历，不是刻板地按照工作时间顺序来呈现，而是把重要的信息前置展示。毕竟，要考虑到HR审阅简历的效率，他们都是优先阅读第一页的内容，而不一定有时间和耐心看到第二页的亮点。

另一位学员张红，她有着15年工作经验，工作经历足够丰富、扎实，但学历普通。于是，她在简历中把学历以不显眼的形式放在了第二页，这也帮助她在求职过程中有效扬长避短，最终拿到了和她的职业优势更匹配的offer。

要点四：总结"个人优势"的书写位置与布局

很多人的简历中都有总结"个人优势"的部分，里面会有一些很"虚"的描述：学习能力强、抗压能力好……可事实上，我们必须在简历中保证每个字都能起到最大的加分作用。

什么最能加分？与应聘岗位有高匹配度的信息。所以，个人优势总结建议写3条左右，每条1个核心主旨，比如：

1. 整体概述经验价值和关键成绩；
2. 具体工作能力的简要描述；
3. 个人软实力，以及语言和工具使用方面的总结。

个人优势总结可以放在简历的最前面，对整个简历起到提纲挈领的作用。这种制作简历的方式，对处于工作空窗期和首段经历没有优势的求职者更加友好。

个人优势：

- 16年财务分析及BP管理经验，曾从0到1组建分析团队，搭建全面预算分析体系，在降本增效方面通过项目管理提升1%利润率；主导分销系统上线，实现渠道销量3~4倍增长；关注采动销情况，优化库存结构，提升5%周转率等。
- 深度理解平台业务模式，如天猫/京东/抖音/拼多多/盒马/小红书/社区团购等。
- 善于以通俗易懂的语言阐释各部门运作的底层逻辑，逐项分解其承担的预算指标体系，帮助其明确实现目标的核心要素。
- 精通Excel，熟练使用BI、Tableau、SAP、Oracle、Visio等工具，搭建各类报表标准模板，提升团队工作效率。

个人优势总结示例

能谋篇布局好简历这盘棋，也能谋篇布局好更大的职场乃至人生。

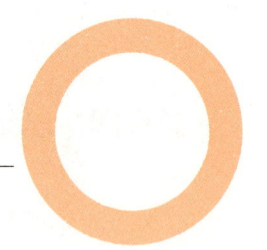

满分简历——"业绩成果量化展示"

避免"JD式"简历。

很多朋友的简历，容易写成JD格式，就像这样：

××有限公司　营采高级经理　汇报对象：平台总经理　下属人数：15人

- 制定年度月标及财务预算，拆解关键指标，监督、推广实施及落地。
- 梳理优化部门流程、制度及关键环节，开发部门核心数据监控模板15个，并下放管理常规化。
- 关键环节审核（如资金分配、备货计划、品类信息等）。
- 保证公司进销存及结算工作合理有序进行（如制订全品类采购、在途跟进、入库上架、库存周转、发票入账、付款计划等）。
- 结合市场动态及营销需求，开发新品类、新品种，并跟踪新品全生命周期。
- 建立品类管理标准，周期性分析优化商品结构，提高商品销售毛利率及贡献率。
- 与供应商洽谈各类优惠政策，争取资金账期，降低采购总成本，提升资金周转率。
- 拓宽供应商渠道，保证货源稳定，梳理合格供方目录，维护供应商关系，达成战略合作。
- 规划部门人员、优化组织结构、定期访谈、制定业绩考核目标并开展各类在职培训。
- 各首营资料以及合同、补充协议系统录入、保管、存放及持续更新；对资料的关键信息进行数据化跟进（如售后服务/退货拒收/商业折让/活动等）。

简历示例

要明确到底什么是工作业绩成果，即使工作业绩成果没有明确的定义，也要学会区分不同岗位业绩的不同呈现方式。在此基础上，再叠加"数据量化"的加持，就可以让简历呈现出更高的价值感。可以参考下面这个例子：

工作概述：跨界转型至批发零售行业，负责公司国内外代理产品（食品、酒饮、家清日化等）的采购供应链管理，统筹产品管理、采购协同、供应商开发管理、仓储物流协同、售后服务等工作，任期内采购体量达3亿元/年，在库产品4000+SKU(库存量单位)，保证缺货率控制在5%以内，库存周转率稳定在100%以上，滞销率控制在8%以内。

团队管理：负责最大体量7个人的团队管理，搭建团队架构，明确人员职责，建立以供应商开发管理、采购降本、缺货率控制、新品引进、库存周转率等为导向的目标管理体系，结合"日清、周结、月报"的督办管理系统，有效激励赋能团队。

架构搭建：主持搭建并不断优化《采购管理规范》《新产品引进管理规范》《售后服务管理规范》等制度流程，有效统一管理语言，提升管理效率。牵头CRM（客户关系管理）、WMS（仓库管理）系统搭建，主持供应商开发管理、采购审批管理、付款管理、客户管理、价格管理、库存管理、合同管理等模块从线下到线上的转化，极大提升工作效率同时沉淀数据支撑决策。

供应管理：根据年度采销规划、供货风险等制订年度供应开发计划，建立供应商资源名录，在库资源500+家。规范供应商管理标准，建立所辖供应商管理体系，从成本、质量、交期、服务等多维度评价供应商，并针对高潜供应商进行产品力、销售力等多维度的辅导及资源倾斜。精准把握市场动态，梳理供应商战略地图，完成每季度600+SKU引入，实现50%的年汰换率。助力提升营收利润空间，年均毛利率增长3%。升级供应链产品体系，优化品类结构，制定不同的产品策略，打造爆品、利润品、引流品、主推品等，提升产品竞争力，实现采购年均降本4.3%。

采销协同：通过深度市场调研，区分不同产品的销售角色，完成产品定价、促销策略、产品培训等工作的策划执行，协同销售完成销售指标、毛利指标等的制定及分解，拉通采销全流程，结合针对采购和安全库存计划的滚动管理，降低资金占用风险，保证稳定供货支持；协同完成差异化的售后服务流程制定，针对终端市场客诉，协同品牌方完成客户的谈判、协商、处理全过程，保证0重大客诉发生。

简历示例

"数据量化"不是证明业绩的唯一手段。像下面这份简历里，通过××行为获得了长期合作年框协议、通过××行为实现与××游戏品牌的联名款合作等，也都属于业绩成果的体现。

工作经历　　　　　　　　　　　　　　Work Experience

2019.05~至今　　　　××文化传媒有限公司　　　　市场负责人

市场策划：成功策划并执行多个消费品行业知名品牌的营销方案，搭建品牌自媒体矩阵，实现业务拓展和整合营销。

· 英国院线品牌××营销策划项目，深入梳理品牌故事，从0到1搭建自媒体矩阵，精心策划图文和视频内容，成功制定并落地品牌宣传战略，搭建自媒体营销网络，获得长期合作年框协议。

新媒体传播：精心组织媒介传播工作，管理和协调媒体资源及KOL（关键意见领袖），构建新媒体矩阵，确保高质量内容定期发布，推动产品推广，有效提升品牌影响力和产品咨询量。

·××运营长期合作协议，通过内容营销和KOL管理，3年增长微信粉丝100%，阅读量翻倍，微博粉丝数增长50%；

·中东奢侈品集团××内容运营，通过微信内容创意，1年微信公众号粉丝数增长30%，阅读量增加30%。

品牌管理：实现跨界品牌合作，助力品牌线上线下活动，有效促进销售转化。

·游戏品牌××通过IP联合营销、特别策划推广，实现品牌合作，联名制作××。

简历示例

有朋友说，我的工作内容不和业绩结果直接挂钩，怎么办？可以找间接价值。比如，你是一个网页设计师，你通过优化了网页的设计模块，增加了用户的点击率和转化率。再比如你是一个专利工程师，你通过压缩专利诉讼的时长，节约了成本；你还通过和其他公司的交叉注册，节约了研发费用。通过这些维度的思考，也能让自己对本职工作的价值有更深刻的认知。

提高匹配度是核心目标，量化是加强手段。避免本末倒置。

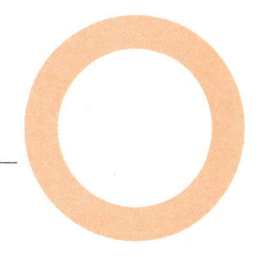

内推与内推信

别小看内推，可以帮你翻倍地提高成功率！

内推，就是通过公司内部的员工推荐简历。因为增加了一道人脉背书，无疑会使成功率翻倍。无论是求职，还是招聘、商业合作等，内推都是提高成功率的有效手段。

没有人脉，怎么实现内推？

很多人也许会说，我没有人脉，怎么让别人帮我内推呢？

首先，**这不是看上去那么简单的资源问题**。我刚来北京的时候，没有任何人脉资源，但当我意识到找工作如果有人脉内推能增加成功率时，那么问题就不再是沮丧地想"啊，我没有人脉，怎么办"，而是变成了"怎么从0到1去找人脉"。这二者的本质区别在于，发现问题后，是积极去找突破口，还是被问题打败？

其次，**你缺的不是人脉，而是沟通技巧**。很多人找身边朋友内推简历，都是这样沟通的："我正在找工作，你们公司招人吗？能帮我投一下简历吗？"或者更直接地问对方："我最近失业了，你能帮我找找工作吗？"……

如果是这种沟通方式，哪怕你有100个优质人脉也用不上，因为用错了沟通方式。在找人脉内推之前，要先准备好"内推信"。

内推信要怎么写，有没有话术参考？

通常是这样的格式：

尊敬的××（称呼），我是××，我有××优势（言简意赅地描述自己与岗位匹配的优势，以及自己对这份工作最有价值的经历），能获取您的联系方式我很高兴，我能否将简历发给您请您帮忙……

最后记得加上一句很重要的话：无论结果如何，都很感谢您帮忙推荐！

要快速讲清楚自己的目标岗位和匹配度，通过文字展示自己的专业素养；然后也要表达对对方的感谢，提供对方情绪价值，比如对对方的关注、渴望加入对方的公司或部门等。同时，要尊重对方的时间价值，降低对方的压力感，才能更大概率获得帮助！

如果对方答应帮忙递送简历，我们除了把简历发过去之外，还要再附上简短的自我优势总结，方便对方转达，与人方便的同时也是给自己增加胜算。

××您好：
感谢您帮忙推荐，××是我非常渴望加入的公司/部门。
简单向您介绍一下我的情况：
我之前的工作是……（简要说明自己的上份工作及相关工作经历）
我目前的情况和……岗位……（匹配度提炼）
我的个人简历也一并发给您，供您参考。
如果还有任何问题，我的电话是……您可以随时和我联系。非常感谢您帮忙推荐！

发送简历时，附上内推信示范

内推不丢人，大大方方

我和很多学员讲过，要重视人脉内推。大多数人一开始都是抗拒的，觉得不好意思开口。

不好意思开口，就说明你对"内推"的认知还停留在"求"人家帮你找工作的阶段。这种心态，说明你对"内推"的认识还不够。很多人在找人内推之前，对于自己的求职定位、想要找什么样的工作都还不清晰，也没有梳理清楚自己的哪些方面适配对方的岗位要求。这样一来，相当于是把求职的主要压力都给到了帮忙内推的人，所以才会本能地不好意思开口。

假如，在找人内推之前，你就把准备工作做好了，比如梳理简介、明确岗位要求等，然后按上述演示那样去沟通，就不会给对方造成太多压力，这只是一个很正常的沟通渠道而已。**大大方方地找人推荐，对方看你准备这么充分，也会乐于帮忙推荐。**有的人还能通过这种契机，激活很多久未联系的人脉，或者在请人帮忙联结人脉的过程中，又开拓了新的人脉，这对自己的职业生涯有百利而无一害。

联结人脉的能力，是职场人的必备能力。

为什么你"一面就挂"?

面试要有的放矢,面试的本质,是匹配你的职场优势。

我的学员李婧曾很困惑地问我:明明每次面试都聊得挺好,为什么对方让我回去等消息后,就没有后续了呢?

我问李婧:"你怎么评估一场面试表现得是好是坏?"

她说:"就看聊得是不是顺畅开心,有没有什么问题卡住没答上来,或者没答好的。"

如果你和李婧一样,是以这套标准来评估自己的面试表现,十有八九对结果的把握是不准确的。我分享一下我自己是怎么做的,以及应该如何对自己面试的通过率保持准确的判断。

我每场面试前都会先梳理岗位要求,准备与岗位要求所匹配的简历素材。比如,我去德勤摩立特面试时,我应聘的岗位要求涉及市场分析、商业问题(比如利润下滑、开拓新市场)的解决思路等。我针对性地准备了很多素材案例,有些是历史经验,有些是后来学习的新知识,这些都是我的"弹药",每一项都能精确对准"靶标"(岗位要求)。

整场面试过后,我复盘的点是:

1. 基于面试官的反馈,我之前判断的岗位要求准确吗?

2. 如果准确，我准备的"弹药"都打出去了吗？

除了这两个问题，我还会复盘一下在面试中我的表达是否逻辑清晰，足够体现我良好的沟通能力。逻辑和沟通代表了一个人的软性竞争力，也是面试考核点。基本复盘到这里，我对能否通过面试的判断准确率就能达到9成以上了。

面试官和我聊得开不开心，对我的回答是表情冷漠还是面带笑容，这些很可能是伪装的，不能作为评判面试通过率的主要依据。面试的本质，是匹配你的职场优势。

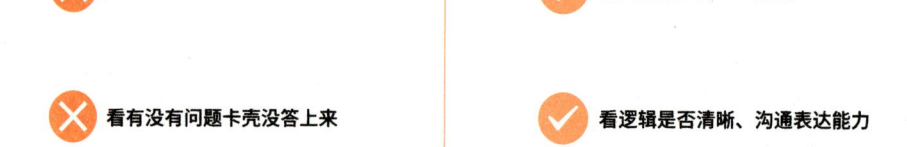

✗ 看聊得顺不顺、开不开心	✓ 看围绕岗位的"匹配度"
✗ 看有没有问题卡壳没答上来	✓ 看逻辑是否清晰、沟通表达能力

一场面试的评判标准

有了对一场面试的评判标准，整场面试的思路就会变得更清晰。

比如，自我介绍环节不能流水账，而要围绕"匹配度"展开，在简短的时间里，逻辑清晰地传递出有价值的信息。再比如，在回答任何问题的时候，无论是离职理由，还是项目经历，都要有目的地抛出和匹配度相关的优势信息。具体的操作方式，在本章后面的小节中会展开阐述。

到了面试的最后，当面试官问我还有什么问题想问他的时候，我会快速在大脑里面过一遍：我准备的"弹药"都打出去了吗？如果还有一些很重要的"弹药"没有打出去，我就会补一句："没有问题了，今天和您聊得很愉快，我额外补充一个小点，您之前提到过……而这是我过往的一个经验，跟我现在应聘的岗位也有一定的相关性……"争取到时间后，继续补充做匹配度证明。

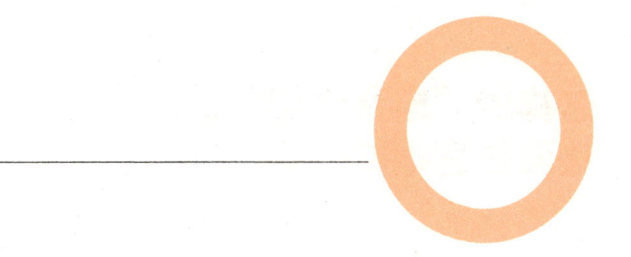

这样的"自我介绍",让面试官眼前一亮

懂得在自我介绍中给面试官"埋钩子"。

这是李敖的面试自我介绍,你觉得如何?

> 大家好,我叫×××,英文名叫×××。我想介绍一下我的教育背景、工作经历和性格特点。
> 在教育背景方向,我本科毕业于×××大学×××专业,×××年获得校级二等奖学金。
> 我的工作经历如下:
> 1. 我现在就职于×××银行,是一家商业股份制银行,担任×××,第一年在零售条线轮岗,系统学习了贷款、移动支付等金融业务知识;我主要负责为客户提供个性化的理财方案、制定合适的融资贷款方案以及解决支付结算的问题,与产品管理部门紧密沟通,利用其资源支持我们网点业务的发展。
> 2. 此前,我作为实习主任职于×××,主要负责资料的管理和会议PPT的制作,通过接触×××等项目,极大增强了商业逻辑思维。
> 3. 在校期间,我参加赴美带薪实习项目,在酒店担任客房管理员,因工作出色,入职不久便开始训练新入职同事。在此过程中,我极大地提高了沟通交流能力。
> 优势和特点:我最大的闪光点是具备强烈的好奇心,具体表现在关于发现问题并高效解决。
> 求职意向:我正在寻找与互联网金融商业分析相关的工作,我觉得贵公司的战略部门适合我的职业发展,因此希望借此面试机会让面试官深入了解我。

自我介绍案例

有的人可能会觉得太长了,有的人可能会觉得没有业绩成果的展示,有的人可能会觉得还不错。作为自我介绍,他的篇幅长短没有问题,如果语速节奏合理,面试官是完全可以听下去的。有没有业绩成果也不是最重要的,但是,这依然不是一段令人满意的自我介绍。你可能会问,那么好的自我介绍最重要的是什么呢?以下这3点很关键。

沟通要有对话感

很多人的自我介绍不爱说"人话",比如:"面试官您好,非常感谢贵公司今天给我这个面试机会。我叫××,今天面试的岗位是风险管理岗。接下来我将分别介绍一下我的……"

面试官是人,一场好的面试应该是一次好的交流。

如果把上面的对话改成:"很开心有这次面试机会,我叫××,怎么称呼您?××您好!很高兴认识您!我之前总共有10年××领域的经验,像A、B、C等这些核心环节都有涉及,也有处理过类似××这种大项目的经验。我有提前看咱们的岗位要求,主要体现在××这几点,我稍微展开说一下我在这几个方面的经验吧……"是不是增加了亲近感和互动节奏,面试效果立马提升?

体现岗位匹配度

回到开头的案例中,李敖在自我介绍的末尾透露自己想应聘商业分析岗,这个岗位和他前面的银行工作经历关联不大。那要怎么表达,才能提升岗位匹配度呢?

来感受一下,如果这么表述:"我之前N年一直在银行从事××工作,也拿到过××成绩。但是我一直很明确自己想做商业分析的工作,也对数字有敏感度,擅长分析。比如基于银行的数据,我做过××分析,知道如何让分析结果协助业务。我将我上个季度做的一个针对××的分析报告脱敏处理带过来了,如果您感兴趣,可以看一下。"然后,顺手拿出一份提前准备好的素材。这样一来,是不是感觉展示出来的专业度和匹配度一下子拉满了?

适当做到"埋钩子"

人的注意力是有限的，如何保证让对方听到我们希望对方听到的重点信息，甚至让对方产生兴趣，围绕这个信息再追问几个问题，好有机会充分展示自己某个方面的价值？这时候就需要用到"埋钩子"的技巧了。

比如在李敖的案例中，他可以这样来"埋钩子"："如果我没有在银行一线做了5年这么长时间，我就不会清楚地了解用户对金融产品的需求是什么，影响他们选择和决定买一款产品的因素有哪些……如果有机会加入咱们部门，我这部分的经验会起到帮助。"

听到这里，面试官一定会好奇，并进一步追问："你觉得影响用户决策的因素有哪些？"不用怀疑，**对方一定会问，因为这涉及对方的利益，也是这个岗位背后的核心要求。**

我在《奇葩说》的舞台上，也用过同样的技巧。我的临场应变能力是我的短板，所以我必须将话题引到我擅长的领域，才有胜出的可能性。因此，我准备了一道职场辩题，然后在自我介绍的时候主动告诉面试官："我觉得舞台上缺了一个真正的职场人元素，有些职场辩题没有打在真实的点上，所以我来了！"如果你是马东老师，你会怎么说？你一定会说："那你举个例子听听？"而这个问题下面，就是我精心准备的答案了。

先知道自己的胜算在哪里，再通过沟通技巧帮助自己展示优势，拿下offer！

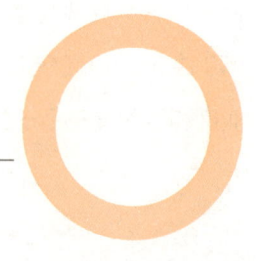

如何回答常见的面试问题，核心技巧是什么？

万变不离其宗。

我总结了以下面试中的常见问题：

	偏 HR 视角的问题		偏业务考核的问题
1	为什么选择我们这个工作机会？	9	介绍一段你的项目经验（细节）？
2	你有什么优势/劣势？	10	你在项目中的角色？
3	你的离职原因/空窗期怎么解释？	11	对于××业务怎么看/打算怎么做？
4	你未来的职业发展规划是？	12	对于××行业怎么看？
5	你对加班/出差的看法？	13	能力论证型问题
6	还在其他公司面试吗？	14	人际/矛盾处理型问题
7	结婚生子问题？	15	脑洞型问题
8	最后，你有什么想问我的吗？	16	现场模拟型问题

面试中的常见问题

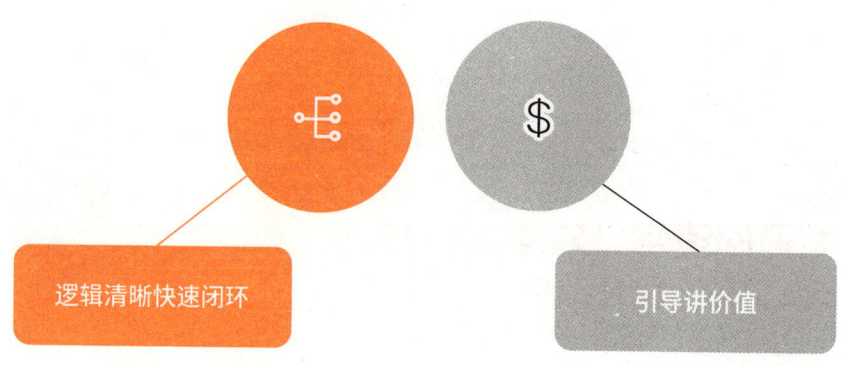

常见面试问题的回答核心技巧

其实回答所有面试中的问题，万变不离其宗的技巧是：逻辑清晰地快速实现闭环+引导讲价值。

案例1：空窗期解释

面试官：您从20××年～20××年，这两年从简历上来看是空白的……

回答示例：这不到两年的时间里，我在做××。当时因为××，所以做了××决定（**逻辑清晰地快速实现闭环**）。在这期间，我拿到了××成绩，但是基于新的××考虑，所以从半年前重新整理职业方向，梳理了我过往的××经验，我选择了在××领域深耕，可以发挥之前的××优势。过去半年的时间，我还做了××，今天我也带了自己做的一些案例过来，您感兴趣的话可以看一下。如果有机会，希望以这里为新的起点。我计划未来1年可以做到独立策划选题（**引导讲价值**）。

案例2：女性生育问题

面试官：关于您目前的生育情况，我方便了解吗？

回答示例：方便的，没有问题，我现在的情况是已婚未育。我特别理解企业方会有这块的顾虑，我说一下我的情况，我未来两年内不会要小孩。因为父母的退休计划是××，老公的职业阶段是××，所以未来两年就算我想要宝宝，条件也不具备（**逻辑清晰快速闭环**）。正因为这个情况，我的规划是××，您看到我过去1年做的事情，也是为了××做的铺垫。我期待未来2~3年在××方面可以再上一个台阶，包括选择应聘咱们公司，也是看到了咱们公司在××方面的计划，它和我的规划是非常相符的！（**引导讲价值**）

　　学会从具体的面试问题中跳脱出来，回到面试的本质。面试的本质是：企业方需要通过问问题的形式，找到匹配度高的员工。所以我们的面试目的，就是努力证明自己是匹配对方要求的。

　　问题只是表面，不要在某个具体问题的回答上过于纠结，只要知道如何主动给出自己的关键信息，向对方证明自己的匹配度和价值感，同时做到逻辑清晰，表达力出色，赢下一场面试的胜算就会很高！

职场中拿到好的结果的人，都善于透过现象抓本质！

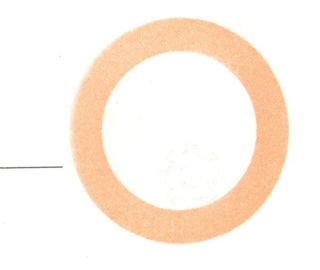

高管面试时,需要特别注意什么?

在松弛中掌握节奏。

蔡蔡是一名有着10多年工作经验的营销策划经理,但最近他在跳槽求职过程中遇到了一个困惑:与HR、直线经理面试,都能轻松通过,可每次最后一轮高管面试完,就没有下文了,怎么回事?是高管都不喜欢自己吗?

其实,他不一定是在高管面试这一轮被淘汰的。一般的面试逻辑是这样的:每一轮的面试官都会给出评分意见,最后汇总所有意见再做出决定。所以如果你是在高管面试后被淘汰的,其实并不一定是因为高管对你不满意。因此,我们要做好每一轮面试,才能从最后的竞争中脱颖而出,拿到offer。

高管面试
风格和公司是否相符,松弛感聊天,大问题下的逻辑思维

直线经理面试
你来了能做什么?和团队其他人怎么配合?

HR 面试
关注稳定性等人力管理问题,专业问题带上框架,争取同盟关系

不同面试官的考察重点

不同面试官的考察重点是什么呢？高管面试有什么特别要注意的地方吗？一个完整的面试流程，可能会涉及这么几个面试官角色：HR、直线经理、高管，有时候还会涉及其他部门经理的交叉面试。

HR关心什么？

对HR来说，他们很关注人力资源管理视角下的问题，所以你会发现，HR喜欢深挖你的离职理由，目的是评估你的稳定性。当然，他们也会考察专业问题，但没有直线经理问得那么深，只是起到基础的筛选把关的作用。我在和HR面试时，除了准备基础问题的答案之外，还会额外关注一个细节：在回答专业问题的时候，不只谈专业性的细节，还会给一些逻辑框架，增强对方理解和与之沟通的顺畅性。

HR是可以争取成为"同盟关系"的，比如，我以前找工作的时候，在面试过程中如果和HR聊得很愉快，在下一轮面试前，我就会高情商地向HR询问关于下一轮面试官的一些信息，以及有没有需要注意的地方。只要你能把握好问题的"度"，HR有时也愿意分享信息给你，因为你入职成功也是在帮助他完成KPI。

直属领导关注什么？

对直线经理来说，他们面试关注的就两个重点：**你来了能做什么？和团队其他人怎么配合？** 他们会考一些很具体的工作问题，我们要保证简历上写的每一句话，后面都有两层追问的可能，并相应提前准备好答案。如果想拿到更好的offer，要注意面试中不仅要描述自己曾经做了什么，背后的思考和沉淀下来的方法论也尤为关键。

和对方沟通时，我也会注意展示自己的逻辑梳理和沟通表达的能力。因为对求职者来说，对方很可能是你未来的直接上级，你们的沟通是否顺畅，也是对方很关注的方面。有时候我还会问对方，目前公司的业务目标是什么，团队大约有多少人……这些问题可以帮助我了解目前的团队情况，展示自己的能力，以及未来更好地与团队配合。

当然，直线经理也可能会问一些HR关心的问题，不同轮面试的考察角度是有重叠的。

高管在意什么？

而对高管来说，他们面试的大方向和前几轮是一致的。不同的是，高管不会考察那么细，通常情况下就是与你聊聊天，看看你的风格和公司是否相符。所以我应对高管面试，首先是抓住自我介绍，**充分证明自己的优势**，其余的节奏交给对方，有松弛感地聊天，不体现出过于强烈的个性。

记得有一次，我面试一家企业，高管是一位表达欲非常旺盛的女士。我通过自我介绍和几个问题展示了自己的岗位匹配度和能力价值之后，其余时间我更多的便是倾听、补充。这场面试最终成了一场舒服的对话，我没有说太多，但对方非常满意。

此外，为了防止高管抛出一些很大的问题而自己接不上话，提前做些功课是有必要的，比如行业研究，自己的岗位和行业特征是怎么结合的，等等。如果现场有些问题实在答不上来，也不要慌张，**展示你的逻辑分析能力更重要**。比如可以这样回应对方，"我一下子可能没有想得很周全，但我目前的思路是将这个问题拆解成一……二……三……，基于之前的工作经验，在其中第一个点上我有××经验可以分享一下……"**先给大的问题一个框架，再把大的问题拆小，在某个小点上展示能力。**

面试结束后,如果觉得这个地方扣分了,有必要的话,还可以再做一份补充材料发过去,补充证明自己的能力,也体现积极的态度,提高成功率。

好的面试,80%靠前期准备,20%靠临场表现。

如何催问面试结果？

没有人喜欢被催。

我经常在直播间被粉丝问到这样的问题："面试结束都3天了，还没有反馈，我要主动问问吗？"我见过很多人，尽管心里着急，却不敢去问；也见过不少人，开门见山问对方结果怎么样。

我们不妨换一个角度思考：我的目的是什么？不是只要一个答案，而是要争取拿到offer。所以，问题就变成了：**对于我想要的机会，我怎么"催"，才能增加成功的概率？**

分享一个经我本人和无数学员反复验证有效的方法。等面试结束后7天左右，给对方发个消息，或者打个电话，先感谢对方，表示之前面试聊得很开心，再礼貌地询问进展。重点来了！要做好听到坏消息的准备，一旦对方告诉我们"很抱歉，你的面试没有通过"，我们要马上感谢对方的告知，大方接受对方的结论。这个时候，很多人会想解释和试图挽回，但你的解释会让对方觉得你在"垂死挣扎"，是在浪费他更多的时间。进而，对方就很可能会选择不再回复或者挂断电话。只有当你大方接受结果并表达感谢时，对方才不会有防范心理，你才有继续表达的机会。

然后，你告诉对方，在过去等待的7天里，你针对行业与公司做了××研究，或者因为面试官提出的一个问题，你针对自己过往的经历做了××盘点梳理，并且形成了材料想请对方再看一下。无论能否得到再一次沟通的机会，你都很感谢对方抽出时间和你交流并提供额外的帮助！

4　在过去等待的7天里，你针对行业与公司做了××研究，或者因为面试官提出的一个问题，你针对自己过往的经历做了××盘点梳理，并且形成了材料想请对方再看一下。无论能否得到再一次沟通的机会，你都很感谢对方抽出时间和你交流并提供额外的帮助！

3　（如果听到坏消息）感谢对方的告知，大方接受对方的结论

2　先感谢对方，表示之前面试聊得很开心，再礼貌地询问进展

1　等面试结束后7天左右，给对方发消息，或者打个电话

催问面试结果的技巧

这一段沟通能起到的效果是，因为对方没有及时告知，你虽然没有通过面试，却也已经投入7天时间做了额外准备，而你已经投入的时间成本，会提高对方拒绝的门槛。HR传达的是其他面试官的意见，按道理来说，他无权帮你额外增加一次面试机会，但你的这份材料就给HR提供了"理由"，方便他和其他面试官沟通说："按你的意思，这个人我已经拒绝了，但是对方态度很好，并且还提供了有效的资料，你看是否愿意再面一轮？"

机会是稀缺的，结果是变化的。你的每一次开口，都是一次隐性面试，对结果起着正向或者负向的推动作用。而我们要做的是，永远让事情朝着有利的方向推进！

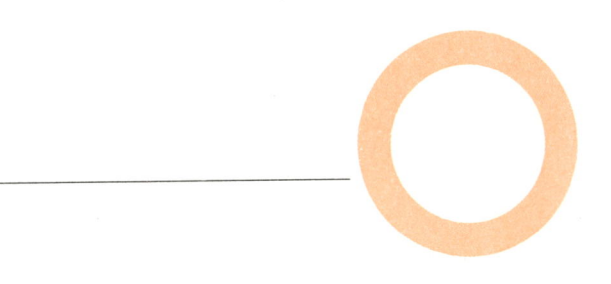

第三章　面试的本质，是匹配你的职场优势

如何谈到满意的薪资？

用商业谈判的心态来谈薪资。

觅觅，经历过求职的"过五关斩六将"，终于拿到offer，来到了薪资谈判环节。她之前的月薪是1.5万元，年终奖根据绩效评定，曾拿到的最高年终奖是两个月的薪资。她看到对方的招聘网站上，目标岗位的薪资年薪是20万元~30万元，所以她和对方提出的期望薪资是25万元。但对方告诉她，最多只能给到22万元，因为看到她之前的固定月薪只有18万元（1.5万元×12个月），而绩效奖金是不固定的，22万元已经是综合考量后给到的合理涨幅。觅觅想争取要到23万元，对方表示很难，拉锯了几次之后，觅觅最终被对方拒绝，不得不从头找工作。于是，在下一次谈offer的时候，她变得胆小了，对方说多少就是多少，不敢为自己争取。可入职后，她又觉得自己薪资要少了，由此而来的负面情绪也影响了工作状态。

其实，谈薪资和商业谈判是一个道理，需要有**谈判策略和谈判节奏**。

第一步，先报价

报价基于什么来做呢？需要综合考量很多因素，包括：

1. 针对目标岗位和职级，你的能力匹配度。

2. 整场面试下来你的表现和对方的满意度。

3. 参考其他渠道，获得关于这家公司薪酬水平的信息，比如招聘网站上给的薪资数字、网络上的信息、猎头给到的信息、在这家公司工作的前同事和朋友提供的信息等。

4. 最关键的是，你要看自己手头其他offer的进展情况来决定要价。举个例子，如果你手头有5家推进面试中的公司，3家大概率会拿到offer，且这3家offer属于同一行业，那你就可以将其中一个作为保底选项，目标谈到10%左右的薪资涨幅或者一个更稳妥的薪酬数额，进而在另外两家offer上争取更高的薪资水平。

5. 此外，还要考虑这次求职的具体情况。比如，某个offer让你从边缘岗位调整到核心岗位了，或者从小公司调整到大平台了。从岗位、平台、行业、职级等维度，新offer如果能带来足够有价值的过渡性转折，对于你之后的发展更有利，那么这个offer就存在"战略性意义"。这种情况下，薪资可以谈低一点，胜算也更大一些。

根据以上所有维度综合考虑，你可以针对offer设置两个目标数字，**一个是第一轮用来开价的目标数字，一个是自己心中的保底数字**。一般来说，中层管理以下的岗位，薪资谈判不要超过两轮。

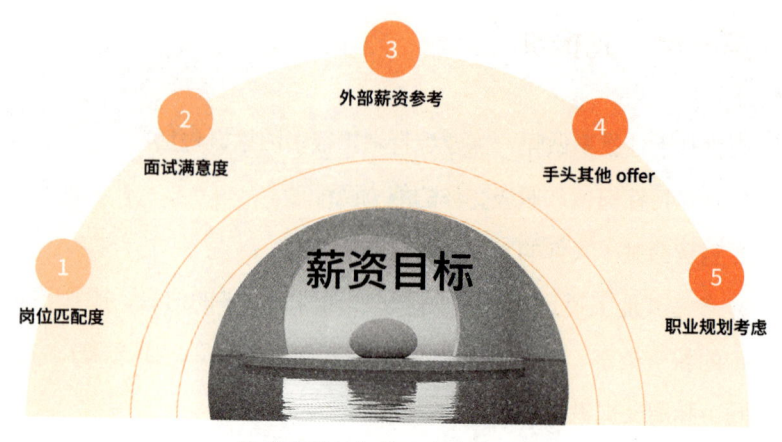

```
        3
    外部薪资参考
  2                4
面试满意度        手头其他offer

            薪资目标

1                        5
岗位匹配度              职业规划考虑
```

设定薪资目标的5个考虑维度

第二步，基于报价的谈判

话术示范如下：

企业：恭喜通过面试，××总和××总都很认可你的面试表现，现在要给你发offer，想了解一下你期望的薪资范围？

你：麻烦您介绍一下公司这边的工资结构是什么样的？

企业：我们的工资结构是这样的……

你：我之前的月基本工资是××，年终奖是××，期权/股份是××，还包括了××福利，折算下来一年××。考虑您这边的工资结构，所以我的期望是月薪××，或全年总收入是××。

企业：可能离你的期望有一点距离，我和××经理讨论的结果，给您这边争取到的最多是××。

你：我考虑一下，最晚××之前回复您（一般是3天内，如果你已经准备好了，也可以当场谈，假如这个offer对你有战略性意义，薪资基本满足你的心理底线，也可以当场接受）。

第二轮谈判（假设有第二轮）：

你：我这边慎重考虑过，真的很希望有机会加入公司（表达你除了薪酬期望之外的态度以及价值），我希望薪资涨幅能到N%。因为我××（加筹码），不然我这边确实跳槽不太合适，也希望您了解，帮我再争取一下（给到最后的目标）。

企业：那我们给你开××（回复最终决定）。

你：×××（接受或者不接受）。

谈判结束。

要获得满意的薪资，筹码既在于你的职业价值，也在于薪资谈判中你体现出的职业素养和专业性。无论在什么场景下，专业都是职场人的主基调。

入职时间怎么谈？

一场成功的谈判，最重要的只有两件事：筹码、策略。

很多人在面试成功后都会遇到一个困扰：拿到offer后，对方催促我赶紧入职，恨不得明天就能去报到上班。但是，我手里还有其他公司在推进面试中，我不想那么快答应对方；或者，难得在换工作期间有一个喘息的机会，我想休息一两周再上班。

可我又担心，如果告诉对方不能马上入职，对方可能就会取消offer招其他人了，我该怎么办？

其实，无论在职场上，还是生活中，所有涉及双方谈判的事情，都要首先看你手里有多少筹码。

你的筹码
- 你经验上的竞争力
- 对方对你的满意度
- 手头其他 offer 的反馈情况
- 这个 offer 的重要性

对方要求的入职时间

入职时间的谈判筹码

如果你在工作经验上有很强的竞争力，对方在面试中对你表现出很高的满意度，那么，你的谈判筹码就更高。 此外，还要看自己手头其他offer的情况，如果你投了比这家公司更好的企业，用尽全力得到的反馈都很一般。甚至，和这家公司水平差不多的其他企业，给你的offer也是寥寥无几。那就可以判断，目前这个offer可能是你当前能拿到的最优offer，对你来说很重要。你要尽量降低风险，不要拖对方太久时间。你甚至可以考虑先入职，在试用期期间，再看有没有更好的机会，有的话再做决定。

我之前有一次求职经历，除了手头拿到的offer之外，还有很多其他机会，有3个更好的公司都在推进面试中。我预判自己至少还能拿下两个offer，那么手头这个offer对我来说，定位就是"保底型offer"，我有底气拖他们一点时间。最坏的情况就是即便对方不录我，我也有其他选择，相对来说风险不高。但要注意的是，**不要过于得意，有底气更要稳重地处理事情。**

这就是"整体策略"。有了整体策略以后，也要注重沟通技巧，好的沟通技巧能进一步降低风险，示例如下：

企业：我们这个岗位着急招人，希望你下周一能到岗……如果要等到下个月，可能我们就等不了你了。

你：谢谢您，我非常理解！之前和张总面试时，他也提到项目马上启动，这个岗位是比较着急入职的（认可并释放对方的情绪）。这个机会我也非常珍惜，我面试时特意准备了××，也可以看出我的诚意（意愿、态度，让HR相信你拖延入职并不是在比较其他公司）。我这边有一个情况是，我前公司的项目这个月正在收尾，这个项目是我全权负责的，我如果下周一离职，公司项目还不能完全结束，我希望有始有终（一方面表达"不得不"，另一方面强调自己的能力价值）。您看这样是否可以？我暂定月底入职，但是我争取两个星期内入职，也就是××号入职。同时项目的准备工作我先做起来，如果需要签署保密协议都是可以的，这样不耽误进程（争取性动作）。希望您理解，也帮忙争取！感谢！

第四章 放大优势

职场是修炼的道场

在工作中遇到问题，怎么说领导才愿意听，

怎么讨论才更高效，

怎么确认才能避免日后背锅……

对于这些问题，我们需要优化表达方式，

而这正是你要掌握的职场优势。

如何给出令领导满意的结果？

职场四字准则：对齐标准。

英子是职场老实人，工作辛苦，经常加班熬夜，但做出来的工作成果，领导总是不满意，她很苦恼。

我向她分享经验说："想要做出令领导满意的工作成果，你首先要向领导的标准对齐。"

英子愤愤不平："感觉领导自己都不知道自己要什么，他哪有标准！他只会让我先做出一版来看看，然后各种挑毛病，结果就是中间修改了很多版，最后可能又用回第一版……"

我告诉她，"对齐标准"这4个字的重点是"对齐"，而不是"标准"。与领导就工作内容"对齐"的沟通过程，才是决定工作成果能否让领导满意的关键所在。

基本原则的确认 → 工作思路的确认 → 关键问题的确认 → 主动汇报的确认

如何与领导"对齐"标准？

第一步：基本原则的确认

我曾为某世界500强公司做数字化转型方案，公司既有的业务模式是通过多层经销商体系触及终端用户，未来希望可以通过数字化媒体，直接触及终端用户。在做具体转型方案前，我和管理层确认：公司是希望跳过中间的经销商，还是想赋能经销商一起来做数字化市场？抑或是公司目前没有明确的倾向性，但希望我的方案里先涉及这部分内容？……

发现对方没有明确的倾向性，我沟通的目的是先和管理层确认工作任务的核心原则、大的方向，包括前提、假设等，再进入执行环节。如果有不清晰的部分，在沟通确认的环节，还可以进一步"对齐"信息，避免出现理解偏差。

对比英子的工作习惯，我发现英子每次接到领导下达的任务后，都是直接进入执行环节，最后做出来的东西和领导想要的大相径庭，领导不满意，她也生出了一种工作白干的挫败感。

可能你会说，我的这种工作模式有点"头重脚轻"，但不得不说，这个模式至少可以保证做出来的东西与领导想要的相差不远。

英子用两点理由反驳我："即使前面什么都确认好了，到后面，领导还是会改变想法的，而且很多时候，我根本约不到时间去跟领导确认这些信息。"

我的经验是：领导有没有时间听和我们怎么去沟通，二者有直接关系。

我们要做的，是准确捕捉到对结果起关键影响的分歧点，言简意赅地和领导确认，抓住"领导想要的结果"这个本质。确认的目的，不是要让后续工作不发生变动，而是要在开展下一步工作前，能有尽可能完整的信息作为依据。

随着工作的推进，会有新的信息和变化产生，再及时与领导讨论即可。比如前面我提到的数字化转型项目，做方案的时候，我发现来自经销商的阻力比预期的更大，那就基于新的信息和考虑，及时与领导沟通，调整方案即可。

职场工作是不断发生变化的，但依然要有确认的环节，要在变与不变的信息中，在工作的汇报和调整中，表现出你的统筹能力。重组信息和沟通确认的能力，是职场的核心竞争力。

第二步：工作思路的确认

杏杏是我团队的销售负责人，我们确定季度销售目标后，她和我确认了工作思路：什么时间梳理完SOP（标准流程），什么时间节点进入测试，测试的预期目标是多少，测试通过后计划用多长时间将SOP在整个销售团队中铺开，预期数据目标是多少，等数据稳定后计划在什么时间调整团队提成比例，数据稳定在什么位置可以证明闭环跑通，我们开始进入放量阶段的节点大约在什么时间……

我举这个例子，不是想向读者展示杏杏的工作多么细致，这背后更关键的是工作目标和关键时间节点的确认。

所以，工作思路的确认，不是确认自己工作内容的细节，而是对最终目标的拆分、步骤的反推和节点的确认。

第三步：关键问题的确认

英子在工作过程中，遇到过一个问题：公司做活动时，要给用户派发红包，如果用支付宝转账的形式派发红包，用户体验好，不需要额外注册，但是这么操作可能会触发公司税务风险；如果让用户注册成为公司灵活用工的"员工"，以获得报酬的形式来领取红包，虽然规避了税务风险，但用户需要额外注册账号，体验不好。

于是，英子找领导确认该用哪种方式更好。领导让英子自己拿主意。职场打工人最怕的莫过于"你自己决定"，即使有和领导确认的环节，结果又好像完全没确认，最后如果出了问题还是英子背锅。

你可能会说，这不是领导的问题吗，这个领导可能在甩锅啊！但这样的领导在职场上并不少见，改变人很难，那有没有什么办法，可以避免背锅，还能把工作顺利推进下去呢？关键问题的确认也是有技巧的。比如同样的事件背景，我们换一种逻辑去确认：

1. 首先，认可派发红包的方式对活动结果的重要影响。

2. 接着，为达成工作目标，列出目前能想到的所有解决方案。

3. 然后，对工作方案进行筛选。考虑各方面的关键因素衡量工作方案的可行性，将方案的可选范围框定在一定范围内（两个方案，支付宝转账和灵活用工）。

4. 进行两个方案的优劣势分析。如：用支付宝转账的用户体验好，注册路径短，而基于过往经验，多一个步骤可能会流失的用户量大约为××，因此预估用支付宝转账，可以避免××用户数量的流失；同时，税务风险的评估结果为……理由和依据是……

5. 依据上一步优劣势分析的结果对可选方案进行充分对比。

6. 基于对比结论，给出自己的倾向性意见。

7. 请领导确认。

对结果的重要性影响　　将讨论范围框定　　选项间的充分对比　　让领导确认

　　　　梳理全部选项　　基于结果的效果/风险评估　　个人的倾向性

关键问题的确认框架

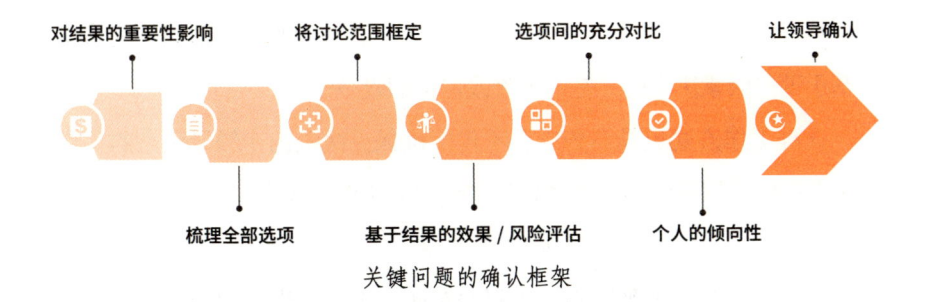

在工作中遇到问题，怎么说领导才愿意听，怎么讨论才更高效，怎么确认才能避免日后背锅？对于这些问题，我们需要优化表达方式，而这正是你要掌握的职场优势。

第四步：主动汇报的确认

英子告诉我，她常常是工作做完以后，就直接把结果发给领导看，然后等领导看完后询问她细节，但通常领导都没有下文。这是为什么呢？

在工作中，哪怕任务做完了，也需要主动汇报确认，这么做可以进一步强化领导的预期，增加他对你所做工作的满意度。

昊昊负责市场品牌工作，他在给领导提交品牌方案时会告诉领导品牌方案包括了哪些部分，影响每个部分设计的关键因素有哪些，同时给出一些论据作为辅助说明。哪怕领导不那么懂这块业务，也能顺着昊昊清晰的逻辑框架，进而理解他的工作思路。这就是一个主动汇报的好案例。

你可能会说，领导可不一定有时间听你的详细汇报。不用担心领导没时间，如果是提纲挈领的汇报，要点准确、逻辑清晰，反而能节约领导全面阅读的时间。如果领导对哪块不满意，比如觉得整体节奏太慢，我们可以回到上一个环节的逻辑里去讨论，进一步明确之前确定的节奏是基于哪些因素决定的，是否要修改前提假设……

这种工作方式更具系统性，不仅能确保更快做出令领导满意的工作成果，还能让领导看到你的逻辑思维和沟通协作的能力。

"满意"是一个既客观又主观的东西，不要钻进"领导需要给我明确标准"的牛角尖里，将重心放在推进确认的过程中。

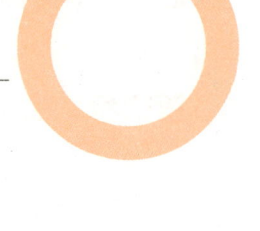

如何在现有的岗位上快速成长？

正确方向×刻意练习＝快速成长

英子已经工作第8年了，一直觉得自己成长速度很慢。

"成长速度很慢"这个结论，英子是有具体感知的，体现在重复性的工作越来越多，无法触及项目的核心内容；整个工作状态是停滞的，没法持续得到领导的认可，也没什么晋升机会。在外部环境不够好的形势下，英子的班上得战战兢兢，很怕哪一天就被"优化"了。

英子说，她也做了很多努力，比如看书、学英语、考在职研究生……但这些方面的进步好像无法在短时间内直接对工作形成有效的帮助，更没有带来收入的变化。

她甚至主动找领导提过，想要争取做更多核心工作，但领导只是敷衍带过……她的职场仿佛成了一盘死局。

在英子身上，你看到了自己的影子吗？当工作陷入这样的局面时，应该怎么办呢？突破口在于找到工作岗位各个级别对应的标准，并努力达成。

职场里的每个岗位都有不同职级，每个职级下的工作内容和工作要求是不同的。

岗位在不同阶段下的要求

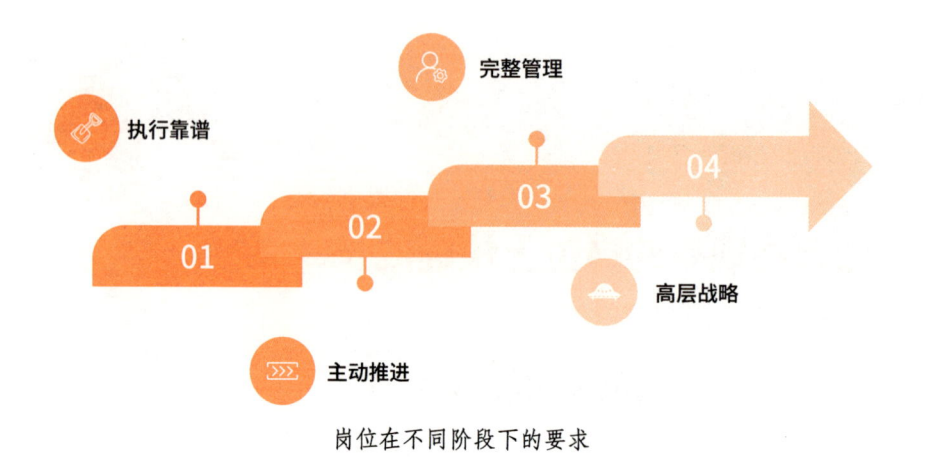

01 执行靠谱
02 主动推进
03 完整管理
04 高层战略

阶段一：执行靠谱

英子一直觉得自己是个靠谱的人。怎么体现呢？领导找她做事，即使很忙，她也不会推三阻四，有时甚至忙到没时间吃午饭。但正因为手里工作太多，也容易出现"做多错多"的情况。

有一次，英子正在处理某个任务，没有兼顾到另一个项目，项目的客户找不到对接人，直接找了她的领导反馈。结果不出所料，她被领导严厉批评了一通，她觉得特别委屈。

她平时工作也很"靠谱"，每次领导分配了任务，她都会努力认真地执行。为了能在截止日期前完成，她还会疯狂地催各个环节上的同事，最后把相关部门的同事都得罪了。结果呢，任务还是没按时完成，又免不了再挨领导的一顿批评。

她觉得很困惑，到底要怎么工作才能让大家都满意？她主动向领导询问过建议，但领导一直没有时间和耐心听她讲完，到最后出了差错，还是她背锅。

而另一位同事小张，在工作任务太多，时间又相互冲突时，会从部门整体考虑来安排自己的工作。她会想怎么做能让成果最大化，从而反推工作计划，做好时间的分配，明确工作任务的主次。

除此之外，她还有很强的沟通能力，能让领导认同她的计划，进而得到支持。

她知道，在工作过程中，默默做了多少工作并不是领导关注的，也没办法由此获得晋升机会。相反，领导大多是"结果导向"思维，因此如何保证项目顺利完成、让结果在团队里脱颖而出才是她的努力方向。

如果遇到任务有所延误的风险，她会在多部门之间协调沟通，提出解决方案，管理领导的预期，让事情有效地推进下去，而不只是做一个传声筒。

每次向领导询问建议时，她都会用领导关注的"关键节点"或"利益关系"先抓住领导的注意力，再陈述具体的问题。在分析问题时，她不仅会预判潜在风险，还会对风险的大小做出评估并给出解决方案，让领导觉得她在用行动为结果负责，而且逻辑清晰，沟通出色。

在领导眼中，小张显然比英子更加靠谱。**"靠谱"并不是指态度，而是指能力。**

阶段二：主动推进

一次，为了对接一个潜在合作方，领导建了一个微信群，让英子在群里跟进和处理问题。英子按照领导的要求在群里跟进沟通，后来，这个群就变成了她日常工作中占比很大的一部分。英子每天都要花不少时间回复群里的问题，还要兼顾其他的工作任务，身心俱疲。她觉得这个群里的工作很烦琐，占用了自己大量时间和精力，带来的效益却不高，但好像没办法，只能每天应付着。

英子的同事小张，也负责对接了一个潜在合作方。在群里同样跟进了几个月后，小张摸索出了一套对接的流程标准，向领导汇报后，与对方开会优化工作SOP，节约了大量反复沟通的时间。又过了几个月，她在跟进中发现了对方的新需求。结合部门的工作重点，她主动提出了合理的优化方案，并形成了新的业务收入。最后，领导让小张牵头对接这个合作方的所有项目。

又一次，领导开拓了一个新的潜在合作方，先让英子去对接。英子帮领导收集到需要的信息，又按照领导的要求与对方洽谈了合作方案。但由于对方表现出的合作意愿不强、报价也总体偏高，英子建议暂不推进合作。

但这显然不是领导想要的结果，于是领导又让小张去对接。

小张跟进后，站在更宏观的角度，全面思考了各种合作方式的可能性，还相应收集了更充分的信息汇报给领导。

当领导安排小张去对接合作时，小张基于对业务目标更深入的理解，为对方提供了更契合业务需要的合作方案。显然，小张的介入，让项目谈判的结果向好的方向发展了。不仅如此，小张又基于合作方案，主动做了市场分析、未来潜力预估、成本风险估算、试点计划等工作，向领导做了全面细致的汇报。一番操作下来，双方都对合作的可操作性和预期收益颇为认可，领导也决定让小张来牵头完成这个项目。

为什么同一个项目，不同的人对接，结果差别这么大？其实就是因为小张在工作过程中，做好了充分的过程确认与进度汇报。

于是，领导对小张的定位从"执行者"变成了"小模块的负责人"，而英子的定位还在"执行者"。所以领导让英子来辅助小张推进项目，两人的职业发展差距也就此拉开。

主动推进，不仅体现在工作内容方面，还体现在态度方面，主动的**态度背后是对工作的掌控力**。在领导看来，这正是成为leader（领导者）所需要的能力。

阶段三：完整管理

小张最后获得了晋升，成为部门主管。部门主管还不具备完整的管理权限，主要是配合领导统筹一些项目，同时负责上行下达的工作。

但小张的成长并没有止步于此，她主动提高数据思维，能透过数据分析找出项目的增长点和风险点，针对性地帮领导解决问题，很快提高了部门的绩效。

每次和领导讨论汇报工作时，小张都能进一步赢得领导的信任，渐渐地，领导手里负责的一些重要项目也交给了小张。这些项目在部门绩效中权重很高，因此，领导和小张有了越来越深的工作讨论，乃至一起制订部门年度计划。

而在团队管理方面，小张目前是"代管"的角色，但她不仅能合理地分配任务，也能清楚地看到每个人的优点和能力边界，因此当围绕业务需求要搭建团队时，她总能推荐得力人手有效承担工作，让领导看到她带团队的潜力。更难能可贵的是，小张也不会"功高盖主"，保持着高情商的沟通，和领导实现利益共赢。

每家公司的发展都是在不断变动中的，随着业务的不断调整、开拓，小张在对"人"和"事"的管理上也积累了越来越多的经验和资本……在一个新的机遇面前，小张晋升为部门经理，拥有了完整的管理权限。

阶段四：高层战略

部门中层和企业高层的核心区别，在于管理范围和战略思维上的差异。

小张管理部门工作后，在和其他部门的协调配合中，也逐渐掌握了相应的管理逻辑，抓住机会，实现了并线管理。这时，小张的思维模式已经再上一个台阶，开始审视市场需求，思考新的合作模式、如何降本增效……这让她的视角更接近"经营者"了。小张，已经为更高的职业发展平台做好了准备。

多年原地踏步的职场人，忽略了一个职场真相：不是等机会来了再成长，而是先成长，再去抓机会。

避免会做不会说，如何有效汇报？

在一个企业组织里，会协作的人才能产出更大价值，而"会说"是协作的前提。

我之前在管理咨询公司工作的时候，跟进过一个项目。当时有家世界500强企业收购了一个化工厂，我们公司要做的是为这家企业提供并购完成后的管理方案，让被收购的化工厂在获得资金后能快速扩张，从而满足下游订单的需求。

在整个项目推进的过程中，我每周都会给对方写汇报邮件，快速展示一周内各项任务的进展，总结重点信息、下周计划、可能出现的风险与问题等。相较于电话汇报，这种汇报形式更能提升效率。写汇报的人不用长篇大论，更新状态和部分文字即可，看汇报的人也能快速看到重点。汇报的目的是高效传递有效信息。当然，遇到问题也是不可避免的，那就需要针对问题单独汇报。有很多朋友认为，领导好像很忙，总是没时间听我汇报，怎么办？

我们来看一个例子：

小李，是一家公司的财务人员，领导让她做一份成本控制的分析报告。她把报告发给领导后，领导一直没空看，这时候该怎么办呢？有人会说：催！但你会发现很多时候催了，领导也不看，好像领导很偏心，总把时间花在其他人身上，你总催还容易把领导催烦了。也有人会说：

爱看不看，反正我做完了。

这些都不是很好的思路，因为提交报告只是表面工作，解决问题才是领导的根本需求。试想，如果因为你没及时推进，过了一个月后，领导发现成本没控制住，部门浪费了很多钱，挨骂的是不是你？所以，有效汇报的第一步，不是汇报，而是帮助领导高效分配时间。我们不要单纯地问领导有没有时间，而是要快速表明自己所做的汇报的价值：我知道您很忙，不过我依旧希望您抽出时间看看我的报告，我在做成本控制分析的时候发现了××问题，这大概会对我们部门产生××负向影响，如果能在××日前定下来，负向影响就能保持在可控范围内，所以请您务必……

不会汇报的人，站在自己的角度等领导的反馈；善于汇报的人，站在结果角度帮领导规划时间。而且，很多时候，汇报不只是为了解决问题，也可以展示自己更多能力。一鸣在拿下项目之后，一开始给领导做的汇报是这样的：通过数据展示项目结果，并说明在推进过程中针对客户提出的需求，自己是如何努力加班跟进，最终拿下项目的。

很多朋友的汇报都是这样的结构：努力展示数据结果，表达自己做得很辛苦。并且基于此，天真地认为领导会觉得自己功劳很大。大错特错！你在领导眼中的价值，是由你的能力决定的。你的能力在什么级别，你才有机会拿到什么级别的职位和薪资。

如果我们把刚刚这段汇报改一下，变成这样：通过数据展示项目结果，指出项目中的重点困难是什么，并快速引证例子，说明这些困难对结果的达成造成了什么样的影响。接着，再说明面对困难，自己的处理思路是什么，沉淀下来了哪些经验和方法论。为防范未来的风险，还能做哪些优化让下次的项目结果更好。

××部门工作周报

(202×年×月×日—202×年×月×日)

本周部门工作目标是×××。本周工作总体推进正常，××工作提前完成。但因为受到××突发情况的影响，××工作当前进展稍落后于进度计划。××工作确定延误，将会影响×××。

	状态	补充说明
部门工作1	● 有风险	×××
部门工作2	● 已延误	×××
部门工作3	● 正常	×××
……		
解释说明的文字		

关于××工作，具体工作进度是：

	进度1	进度2	进度3	进度4
事项1	已完成（×月×日）	已完成（×月×日）	已完成（×月×日）	
事项2	进展中（预计×月×日完成）			
事项3	进展中（预计×月×日完成）			
……				
解释说明的文字				

因此，下周我们将把工作重点放在××上，由××负责××，××负责××，并联系请××提供××。
预期各项工作进度要达到……
另外，我们可能需要××方面的支持，具体是：
支持1
支持2
……

汇报模板示例

你会发现"努力"体现在薪资上，往往是"廉价"的。能否清晰地定义问题、解决问题、沉淀方法论、制订优化计划等，才是通往高薪的钥匙。而好的汇报可以传递这些能力的价值。

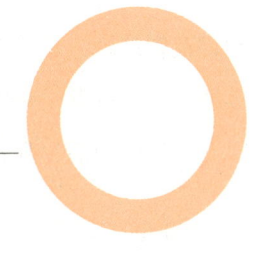

如何向上管理，得到领导重用？

向上管理≠拍马屁。

很多人听到"向上管理"这四个字，就嗤之以鼻，不就是拍领导马屁嘛！其实远远不是。

我还在管理咨询公司工作时，有一次做物流行业的某个并购案，经常要跟领导一起出差。很多人会觉得，我可以在出差的过程中，赶紧向领导做些"向上管理"。

然而，我并没有这么做。相反，每次出差路上，我都戴着自己喜欢的套头耳机闭目养神。但这并不影响每年领导给我的绩效评级都是一级（我们公司绩效评定的最高等级，能拿到一级的人占比不到5%）。

那我做"向上管理"了吗？肯定做了。我是怎么做的？在什么时间做的？

当时，COO（首席运营官）需要我们出一个并购协同方案。领导让我来做这个方案，按我的级别，方案中只要能体现分析能力就符合岗位要求，但是我做了更多的事情。在建模阶段，我能确认关键要素；需要相关部门配合时，我能做好协调沟通；支持领导向COO汇报的时候，能提供逻辑严谨且高价值的方案……通过这些积累，领导逐渐信任我，后续让我独立负责了一些项目流程。

项目结束后，我帮领导完成了一份企业出海并购的白皮书，也帮助公司打开了影响力。

很多人可能会觉得,我的晋升原来靠的是多干活呀。

其实不然,如果你也善于思考,会发现"干活"与"干活"之间也有区别。如果我只做基础分析,体现的是当前级别的能力;而如果我能搭建框架和协调汇报,能站在部门发展的角度去推进工作,体现的便是更高级别的潜力。

领导是"资本家",他会评估你的"性价比",时时关注你拿着多少钱的工资,又做着多少价值的产出。如果我的工作性价比让他觉得自己"赚到了",那么,我就会有更多的向上发展空间。

有的人可能会说,阿宝姐,你遇到的是一个好领导,他认可你的卓越能力,但有些领导是不能容忍下属太聪明、太能干的,如果威胁到领导的地位,他就会让你走人。

我每次听到有人这么说,就会笑着告诉对方,如果你是因为这个离职的,那只能说明你还不够聪明。

我再分享一个我自己的真实故事:

我曾在某互联网大厂工作,因为公司发展时期的特殊性,我们团队组建的时候,招进来的人专业背景各不相同——我是咨询专业的,而我的领导拥有传统业务的从业背景。很显然,在某些工作上,我俩的"技能点"是错位的,我们也为此经历了相当一段时间的磨合期。

故事的结果是,领导支持我单独做一条新业务线。我得到了职业发展的新机会,而我开拓的业务线的收入也归属于我领导之下。所以,<u>哪怕你觉得领导在某些方面能力不如你,你们也有无数种共存的方法</u>。

退一万步讲,即便你想"干掉"你的领导,自己晋升上位,也需要先为公司创造价值,得到更大范围的认可。在这之前,你都要<u>学会高情</u>

商地平衡好关系，等待合适时机。

否则，你所看到的所谓"工作能力强"，可能只是"基础工作能力强"而已。

性价比 **情商**

向上管理＝性价比＋情商

很多人觉得，领导只看结果，结果最重要。但别忽略了，"结果"是明码标价的，"我"也是明码标价的，"性价比"是我的筹码，"高情商"是我的保护色。

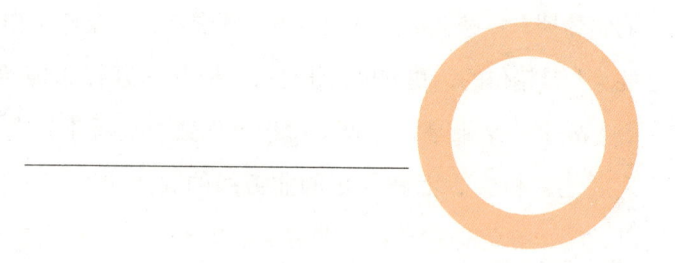

如何处理同事关系，避免踩坑？

同事关系不同于一般的人际关系，良好的合作共事基础既不是包容退让，也不是整顿职场，而是"提高站位"。

英子跟我吐槽说，她最近跟进公司一个活动，但只负责盯活动的一个环节，结果活动出了问题。同事背后向领导告状，说是因为英子没有做好所负责的工作才导致连锁反应，把活动出问题的锅甩给了她。

这种情况在职场里很常见。有些人会说，应对这种甩锅行为，最重要的是做好"工作留痕"，明确分工界限，从而规避责任。

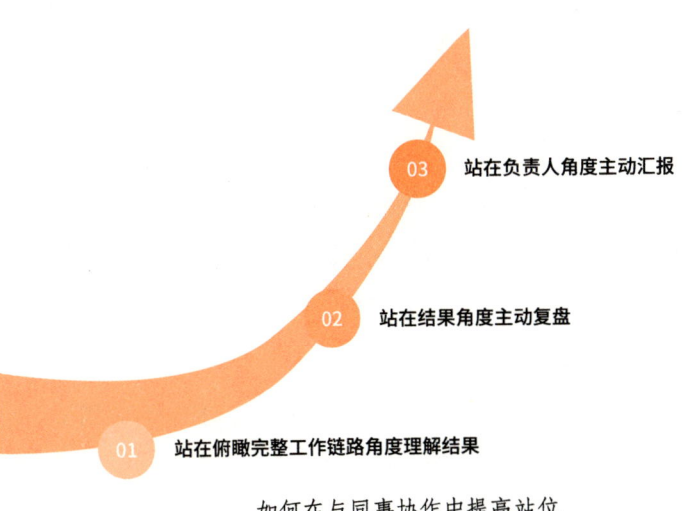

03 站在负责人角度主动汇报

02 站在结果角度主动复盘

01 站在俯瞰完整工作链路角度理解结果

如何在与同事协作中提高站位

我想说，留痕可以做，但每次都靠甩证据扯皮，会让你疲于应付，人际关系也会越来越差。其实有更好的方法——提高站位。

第一步：站在俯瞰完整工作链路角度理解结果

很多人的工作习惯都是闷头做自己手头负责的这个流程里的工作，但完成工作往往需要从整体出发，如果只见树木，不见森林，没有基于完整的工作链路理解结果，就会出现理解偏差。

王梅做的是运营投放岗的工作，她的上游岗位是负责内容的。王梅接到同事给的内容素材，看也没看，就直接打包转给下游的投放商。投放商收到素材，直接就去投放了，结果投放的效果一般。反推一下，这到底是王梅的责任，还是负责内容同事的责任？

其实，如果王梅可以从投放的逻辑角度去看这个素材，并从对最终结果负责出发，她可能就会先将素材分批分类，再相应地给到下游不同的渠道，甚至在投放的时间和形式上都做进一步的设计，而不是一股脑地打包发走了事。

工作细节没有做到位，不是考虑不周，而是理解不深。

当然，我们不可能要求一个岗位的人完全理解另一个岗位的工作要求，那我们还可以做什么呢？

带着逻辑框架确认。比如，王梅如果能提前问一问负责内容的同事投放时有什么需要注意的。对方可能就会告诉她没什么需要注意的，在今天下班前投放就可以了，或者告诉她素材的用户群体是什么样的人，最好投放到什么样的渠道里。

回到前面英子的故事。英子在自己负责的环节工作没有做到位，是不是在完整的工作链路里的确影响了其他环节的工作呢？英子没思考过这个问题，只是凭本能觉得是同事在背后告状。

如果英子能这样问对方：我理解这个活动的目的是××，我打算在形式、交付时间、节奏等维度上重点关注，你觉得可以吗？你还有什么建议吗？

通过逻辑框架引导对方思考、检查，就会得到更完善的回应。

第二步：站在结果角度主动复盘

很多人所持有的是"给出式"工作习惯：工作做好后就赶紧把任务丢出去，这样我这个环节的工作就完结了。

职场的规则是，谁的职责边界越广，谁的职位级别就越高。而要拓宽自己的职责边界，一个简单的做法是，尝试在工作中主动推进复盘。

比如英子，如果她能在第一天活动结束时先做一个快速复盘，和上下游同事核对关键要点，讨论优化方案，不但可以快速调整自己的工作，还能让与之配合的同事了解她的情况，进而对工作配合达成新的共识，从而提升自己工作的价值，拓宽自己的职责边界。

你的职责边界越广，说明你的责任和权力也越大。在职场里，这是一个领导者所要具备的素质。

英子觉得她面临的主要问题是被人告状，这恰恰反映出她的认知还停留在较低职级的层面。

第三步：站在负责人角度主动汇报

很多人平日里没有主动汇报的习惯，等到出了问题，面临被问责时才拼命解释。我建议对自己负责的事情树立"责任人态度"，基于自己手头负责的工作，定好主动汇报的节奏。

比如英子，如果不是等到出了问题才去汇报和辩解，而是可以在自己设定好的时间节点,将几件事情的进度一并做个汇报,就不仅可以讲清楚当前的进度和成果,还可以同时提出未来的优化思路。这样一来,领导不仅会对整体的工作进度有非常清晰的了解,而且会基于你的做事思路和行事风格对你形成加分印象,也就是所谓在领导面前"立好人设",一旦人设立住了,流言蜚语就很难撼动你。

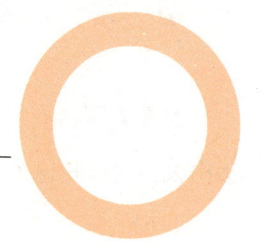

如何度过职场倦怠期?

倦怠期的反义词是新鲜感。

太阳底下没有新鲜事。无论职场,还是爱情,都有倦怠期。重复做一件事,就会觉得枯燥无聊,而无聊是杀死动力的毒药。你要做的就是:制造新鲜感。

职场人制造新鲜感的途径,有哪几个?

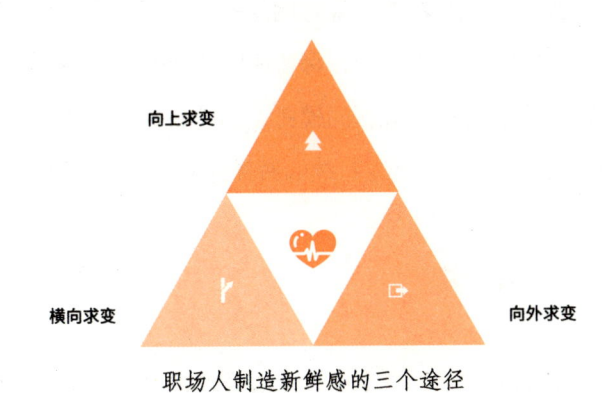

职场人制造新鲜感的三个途径

途径一:向上求变

我刚升职做管理者的时候,感觉自己身上的每个细胞都被激活了。此前的我,对于性格测试、星座分析这些东西,都不太"感冒",总觉得只要足够理性,讲求逻辑,很多人际关系的问题都能被解决。

管理团队后，我发现有些人更喜欢采用严谨安全的工作方式，有些人则更习惯于采用冒险新奇的工作方式。每个人的优势各有不同，有人擅长开放的创意设计，有人则更善于做数据分析、风险控制。除此之外，所有人都需要情绪价值……

你只有了解清楚这些，你才能通过管理让团队有凝聚力，像一个球队一样协作，发挥出最大的势能。

我曾一度认为"企业文化"是很虚的概念，但做到管理层之后，我却逐渐意识到"企业文化"对团队成员的工作状态和产出效能有着莫大的影响。于是，我在面试时逐渐更注重考察求职者与团队的契合度，以此保证团队凝聚力。我之前不爱参加团建，后面因为职业发展"不得不"参与规划团建。我这才发现，原来高质量的团建真的能增加大家的信任感，使工作中的协作配合变得更加紧密高效……

我甚至开始从解决自己的"倦怠期问题"，延伸到解决团队的"倦怠期问题"，比如构思定期立项，保持团队的活跃性和成长性；团队发展到新阶段时，我又开始研究新的模式，招聘新的团队成员，开拓新的业务……不断向上，就可以产生持续的新鲜感。

途径二：横向求变

我的一个好朋友是某大型企业的运营经理，之前负责知识付费赛道的业务，后来调岗做了海外电商。对他而言，在30多岁的年纪迎来的是新挑战，也是新机遇。

公司内部横向转岗，是需要提前准备和等待契机的。比如，我这位朋友在某次跨部门合作的时候，接触到公司的海外电商负责人，他逻辑清晰，很有想法，一次接触后就给对方留下很深的印象。后来，等到时机成熟，对方直接发来邀约。而恰在这时，国内知识付费市场开始出现下滑趋势，他也恰好攒够了业绩，培养好了后备力量。经过一番沟通，他最后顺利实现了职业的转型。

其实，对很多普通人来说，于公司内部横向求变的机会有很多，毕竟大部分公司所处的环境在不断变化中。比如，由于某项业务快速发展，公司便会配置更多的相应人员和资源；再比如，由于激烈的市场竞争，公司便会在利润开始下滑时一边调整策略，一般开拓新的业务线维持增长……所以，每家公司都是时刻处于变化中的，只要有能力又有心，总能在公司内部找到新位置。

跳槽转行也是一个焕发活力的方法。我在职业生涯前期，每次跳槽都伴随着转行，且行业方向完全不同，所以每次跳槽都给我带来了极大的刺激体验。但这种新鲜感也并非有利无害，虽然跳槽那一刻很"爽"，但从长期来看，在个人履历的呈现上是不利的。好在我的每次转行都不是只求新鲜刺激，而是有明确的职业规划，最终以"管理咨询顾问"作为职业生涯的一个短暂小结，并在这个需要广泛技能点的岗位上将过往的职业经验全部串联了起来。因为管理咨询行业的薪酬起点高，所以总的来说，我之前几次转行造成的经验折损都得到了弥补。而且我在进入管理咨询行业后，就开始寻找晋升路径，没有在职业规划上浪费过多时间。

不要为了逃离倦怠期而草率跳槽转行。关于跳槽转行要注意的细节，我会在本书其他章节中详细阐述。

不断侧生长，就可以产生持续的新鲜感。

途径三：向外求变

虽然我的朋友都觉得我心态积极、阳光开朗，但我也有心累的时候。每当我在工作上感觉到倦怠时，副业便成了我的寄托。比如，很多年前，有一次我职场晋升受阻，但在那段时间里，我居然写出了一篇点击量10万+的爆款公众号文章，并得到了很多媒体的约稿，我晋升不顺的郁闷心情很快就被驱散了。这大概就是"东边不亮西边亮"吧。

后来我写公众号文章也写疲乏了，公众号赛道本身也逐渐被短视频赛道取代，我就顺理成章地把运营公众号的经验嫁接到做短视频上，又自学了一些视频拍摄剪辑的技能。当我做出第一条百万播放量的爆款视频后，我的状态又被激活了。

人性的本质都是差不多的，而社会定的规则是不同的。

职场规则比婚姻规则要灵活得多，偶尔可以"出轨"，保持活跃。

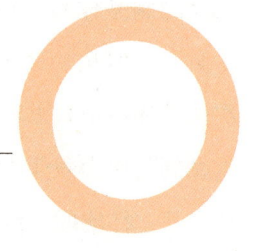

如何看待职场的中年危机？

古有"三十而立"，今有"中年危机"。

现代人很喜欢寻找年龄的标尺，给自己的生命进度做个评判。这个年龄的标尺，通常出现在媒体中、网络上。很多人把自己的现状与标尺进行对应，发现恰如所言，就愿意相信这是符合大众规则的，于是顺应了社会的"主流定位"，放弃挣扎，就比如"35岁职场中年危机"的说法。

为什么35岁会面临职场的"危机"？

我们先看看普通人大概可实现的晋升路径，无论什么行业，大体都可以分成6个阶段。

基础岗		初、中层管理		高层管理	
阶段1	阶段2	阶段3	阶段4	阶段5	阶段6
初级	熟练	初级管理	中层管理	高层管理	高层管理
0~2年	2年左右	3~5年	5~10年	10~15年	15年+
助理/专员	专员/高级专员	主管	经理/副总监	总监/VP	合伙人/CEO
岗位技能还不熟练，需要老人手把手带和把关工作	能主导小模块，能带新人，但未到管理层	新晋管理者，初步带人，小leader角色，一般没有人员任免决定权	5年以上管理经验，负责一条业务线或者是一个部门，能决定人员任免	直接参与公司大的战略决策会议，属于公司内排前10的重要人物	更高的级别，决定公司业务走向

普通人可实现的晋升路径

从初级岗位起步，一般要度过两年左右的新手期，岗位技能从不熟练到熟练，并开始独立解决问题，主导小模块，甚至变成别人口中的"师傅""老师"，可以带带实习生和职场新人。工作5年左右是一个分水岭，有人升职做到了部门主管，虽然没有直接的管理权限，但也是团体里的小leader，初具管理视角。工作10年左右又是一个分水岭，有人做到了公司中层管理，负责一条业务线或者一个部门，能拆解高层战略，制订部门计划，具备管理团队的完整属性。这个时间点，对应到人的年龄，恰好在35岁左右。

再来看看年龄已经到35岁左右，但晋升节奏却严重滞后的人一般是什么样的职业发展轨迹。随着年龄增长，人的精力开始下滑，他们的工作内容却还停留在"基础岗"的水平。即使有的单位每年有普调，或者他们自己时不时也会向领导申请涨工资，从而获得比初级岗位人员更高的薪酬，但他们的工作产出又跟职场新人差异不大。于是在公司眼中，这样的人"性价比"便越来越低，而且又没有那么高的不可取代性，简直是被"优化"的最佳人选，有的是年轻新人等着取而代之。

所以，**努力靠近核心岗位，向上晋升到部门中层管理人员的级别，才是职场的"安全线"所在**。职场就是这样，很多时候，不是你想不想往上爬，而是一届又一届的新人在你身后"虎视眈眈"。公司衡量"性价比"的大刀追在你身后，逼得你不得不努力，不前进就被取代。

做到管理层可以逃过职场中年危机吗？

洪洪是我的一位中年女性朋友，年薪50万元以上，原本在一家不错的公司做部门中层管理者，在公司业务上升期度过了很舒服的一段职场时光，拿着丰厚的薪水，又兼顾相夫教子，一度进入"躺平"等退休的状态。后来公司业绩下滑，第一批被裁员的名单里居然就有她。

要怎么打破这种局面？**必须让自己的价值在市场中流通起来**。比如，我们可以看行业里这个薪酬级别的岗位，通用的能力模型和工作标准是什么，保持学习进步的状态。也许你所在的公司业务发展不错，客户都是主动找上门，但这个岗位的通用能力模型是需要主动开拓客户的，那么你就应该主动学习这项技能。再比如，在你所在的行业中，竞争对手们都做数字化转型了，而你的公司却步调比较慢，还在依靠传统业务开展工作，那你也要主动进入圈子，去学习如何适应新的业务模式，同时保持每1~2年主动面试看外部机会的频率，及时了解自己在职业市场中的流通性如何。

有人会说，上班这么麻烦，进体制就好了，"金饭碗、银饭碗，都比不上铁饭碗"。但是你有没有想过，铁饭碗在"很多人要吃饭"面前，它带来的收益并不如看上去那样稳固。把目光投向更广阔的历史长河，你会发现很多你以为会稳定不变的规则，最后往往都是短暂的，因为**所有的"职场规则"都必须符合当下的管理逻辑和利益目标**。

趁年轻，如何做好准备应对职场危机？

我在20岁出头的时候，遇到一个奇葩的领导，他"空降"到公司后抢了下属的业绩。当所有人都愤愤不平、满腹委屈，甚至部分同事负气离职的时候，我却坚守自己的职业规划，通过良好的沟通协作与领导"交换价值"。最后，这个领导在工作上给了我很大的支持，使我能够带着更加亮眼的业绩跳槽去了更好的企业。

在新的单位，我遇到一位性子急的客户高管，由于沟通风格简单又强势，其他同事都不愿意和他配合。我没有浪费时间加入吐槽大军，在工作方面着力帮他解决迫切的痛点问题；在沟通方面则尽量适应他的工作习惯，言简意赅地提炼核心重点，跟这个没有耐心的人一起把项目推进下去。在进行项目汇报时，我展示出的严谨的逻辑分析、细致的沟通方式，迅速获得了他的赏识。同时，他也很需要我的这套逻辑帮他达成目标。我们很快磨合好了配合模式，项目也取得了意料之中的成功。很多年过去了，这位客户高管每次有好的机会，都会第一时间想到推送给我。我的职场危机在20多岁时就来了，当我以合作的姿态积极应对时，我战胜了它。

到今天，我的事业和收入基本已经度过中年危机的阶段，但我继续和各种各样的人"合作"着。有一次录电视节目，一位新认识的朋友找我请教做自媒体的事情。她和我属于不同的赛道，未来我们也未必有交集，但我依旧在与她的沟通中努力展示我过往工作的专业性，为她提供真正有价值的建议。我俩聊得很好，后来她给我的评价是：虽然只是短暂的接触，但你的行事风格我很欣赏，我相信你做任何事情都能成功。我笑着谢过她的夸奖，但心里顿时又犯起了职业病：如果我的公司做不下去了，我应该可以去她的公司应聘合适的岗位。我的公司曾经引进过外部专家团队做驻场顾问，帮公司调整部分业务。跟他们沟通时，我每一次都积极对接，我想的是，对方万一做强做大，未来就可能会是我的跳槽对象。

很多人觉得职场憋屈，期待"00后"或什么人来整顿职场。但当你看清协作的本质是与人相处，职场的本质是获取回报后，你就不会懈怠，而是会以合作的姿态向别人借力，把自己推上职业发展的"快车道"。让职场危机早点来吧，到了真正的分水岭，你才能安然度过危机。

35岁+时，该如何面对职场中年危机？

大虾是我的一位女性粉丝，在三线城市做财务工作，公司不大，她的发展空间也很有限。在38岁那年，她成了我职场训练营的一名学员。与我有过几次深入交流之后，她实现了一个重要的转变。38岁之前，她一直都是被动接受公司指派的任务，于是领导结合她的薪酬水平，不断给她塞活，以此提高她的"性价比"。而38岁之后，她决定主动抬高自己的工作价值，开始研究外部市场对财务人员的更高标准，包括如何做财务分析、如何让财务辅助业务发展等等，努力在现有的工作范围内做出更高价值位阶的产出。她甚至打破岗位边界，以"经营者"的视角，参与到公司更多的业务中。在这个过程中，公司商务部门的负责人看到了她出色的能力和主动性，于是邀请她参与一些商务项目。因为创造的价值更大了，她的薪酬很快相应增长，而领导也特意招了薪资是她一半的新员工，来帮她分担一些基础的工作。

领导的算盘比你打得更精明。所以，让自己的价值最大化，是我们破局的关键。40岁那年，大虾基于积累的项目经验和人脉，向上跳槽到了一家盈利规模比前就职公司大一倍的公司，薪酬实现了大幅上涨。到42岁那年，甚至有企业愿意支付高昂的猎头费用，挖她过去担任管理者。

大龄人群的职场破局点在于，让能力增速快过年龄增速。

价值本身可以是持续增长的曲线，"职场中年危机"只是价值断层后的借口。

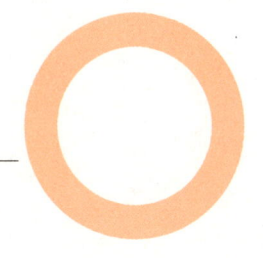

第五章 升职加薪

晋升思维大于努力

无论在职场的什么级别,

"向上发展"的底层逻辑都是"利益成本"的博弈。

涨薪的本质是价值互换,要用商业思维来谈涨薪。

明明很努力，却无缘升职加薪？

努力可能并不"值钱"。

先来看两个案例，你觉得下面这两位员工，谁最后能晋升？

领导说：新店开业，月底要在点评网上获得50条好评数据。

第一位员工英子，她考虑到现在互联网平台对好评管控严格，不能像之前那样，随便刷好评。但领导并不了解实际情况，只觉得这件事很简单。因为是新店，到店的用户量不足，确实很难在短时间内获得50条好评。于是，英子向领导反馈任务有难度。领导却说不想听任何理由，只看结果。英子没办法，只能加班加点，想尽各种办法，终于完成了50条好评数据的目标。

第二位员工小张，她先做了"与领导同频"的动作，向领导表示自己完全理解工作安排，想快速推动新店达成业绩目标，好评对于用户到店消费起到关键作用，所以这个任务很重要！然后，她将自己对于实现这个目标的计划和考虑告诉了领导：好评源自哪些渠道，每个渠道的预期好评数量是多少，风险是什么，整体规划要如何执行……整个沟通调性是"用正向态度解决问题"，在沟通过程中管理领导的预期。在执行过程中，每到关键节点，小张都会主动分析数据并做汇报：进度是否正常？有无偏差？为什么竞争对手可以达到某个标准而我们低了2%？分析原因提出解决思路……但最后，50条好评她只完成了80%。

看到这里，你可能会想：第一位员工英子应该晋升呀！领导不是说"只看结果"吗？她的结果是完成了任务，就应该提拔她！但职场真实的经验告诉我们：一定是小张胜出。你可能又会感慨，会做的永远干不过会说的，唉……

不同的结果，反映的能力模型不一样

其实上面的两个视角，都没有看到问题的本质。是的，领导只看结果，结果是"明码标价"的。但你有没有思考过，同样的结果，价值也可能是不同的呢？

比如，你现在做的是月薪9000元的财务岗，如果想升到月薪1.8万元，你应该怎么做呢？是靠完成领导布置的每个任务，还是靠翻倍完成工作？都不是。你真正要做的是改变"能力模型"。任何行业、任何岗位，从低职级到高职级，工作要求的能力模型都不一样。比如，现在你已经停留在"基础岗"很多年了，即使你做得越来越熟练，也一直没得到晋升机会。这时你想晋升到初、中级管理岗，不是靠把手头的工作做得更准确、更熟练，而是要把自己的能力模型变成"管理岗"的能力模型，比如理解业务目标，把目标拆解到具体计划与任务中，结合数据指标统筹过程管理，协调推进与解决问题的能力，等等。

不要片面理解"会做"和"会说"的关系，而是要理解不同职级的能力模型存在差异。

通过工作模式控制结果

职场里高价值的工作，从结果上来看，往往是不可控的，会受到很多变量的影响，不是靠一个人闷头努力就能完成的。

前面案例中的小张，可以晋升的最重要原因是她向领导展示了自己的"工作模式"，包括她是怎么理解、拆解目标的，怎么管控过程的，潜在的风险能不能及时上报，分析风险存在的逻辑思维是什么样的，和领导是怎么配合的……领导觉得这种工作模式非常好，能清晰地知道小张的工作进度，从而便于自己掌握情况、及时决策，于是便会让她参与更多、更重要的项目。对领导而言，英子的工作模式则更像一个黑匣子，所有的思考和决策逻辑都无法看到，"不可控"的因素明显更多，所以又怎么敢重用她呢？

晋升到管理层级，还想再往上升，逻辑也是一样的，要注重"能力模型"和"工作模式"的调整。

领导要的是对结果的保证

有粉丝找我吐苦水：我已经升到主管了，却感觉工作更累了！再想往上晋升越来越难，领导还总和我说，事情交给其他人不放心，希望我亲自跟进，导致很多事情积压在我手里分不出去。团队里的同事也常有不配合的情况，有些工作布置不下去，也得自己做，最后分身乏术把自己累得半死。

其实我也经历过这个阶段，我是怎么解决的呢？

首先，我认为领导指定让我来跟进项目，是因为他信任我，觉得让我来处理工作有安全感。大家要明确一件事——领导要的是对结果的保证，不只是眼前的结果，还有利益的最大化。

明确这一点，我就知道怎么做了。我让手下的同事开始着手学习，手把手地教他们。我会通过汇报向领导证明下属的能力达标了，也会通过一些考核机制督促下属完成工作，并将考核结论及时向上汇报，给领导充分的安全感。渐渐地，领导就会知道，结果是有保证的。只要达到目标了，事情是不是我跟进的，就没有那么重要了。

与此同时，我会再向上寻找价值更大的事情。在"利益最大化"和"安全感"的双重保证之下，我被解放出来了，有了更大的向上发展的空间。

这并不会招致领导的不满。相反，领导对我很满意，因为他觉得让我晋升、给我涨薪以后，我确实产出了更大的价值。

相反，有的人没有打开这条晋升思路，很表面地理解领导"信任你，希望你亲自完成这项工作"这句话。最后的结果往往是活越做越多，工作进度却陷入停滞，领导也渐渐开始对你不满，觉得给你升了职位、涨了工资，你也并没有创造更大的价值，于是不会再给你进一步的发展机会，让你的事业发展陷入恶性循环。

努力的结果可能存在偏差，在努力之前，先找对方向。

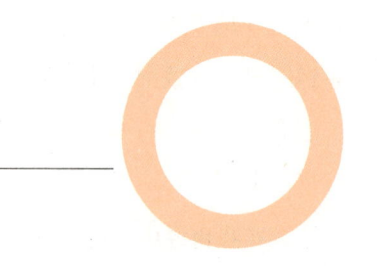

如何找领导谈晋升涨薪？

我们想要的"晋升涨薪"，在领导看来是"利益成本"。

英子在一家公司干了7年，职位和薪资基本没动过，活越干越多。第8年，她终于鼓足勇气找领导说希望可以涨点工资。结果领导以市场大环境不好和部门预算不足为由，婉拒了英子的请求。

英子觉得在这家公司没有发展空间，也看不到前途，于是就跳槽了。但是跳槽后，她发现在别家公司依旧会遇到同样的问题：工资涨得很慢，到底要怎样才能让领导涨工资？

想要涨工资，就要先了解领导定工资的逻辑。有人可能会说，这也得看领导的性格吧？其实不然，性格是一方面，但无论企业大小，无论是国内还是国外的企业，所有领导定工资都会遵循同一个基本逻辑：高性价比。

领导会考虑：

1. 需要你做的工作有哪些？
2. 这类工作在市场上招人大概什么价位？
3. 相比同级岗位员工，你的绩效如何？
4. 你是不是潜力股，正在或者将会创造更大的价值？

5. 未来的工作计划里，你能否为我创造更大的价值？

6. 分配工作时，怎么排列组合性价比更高？（是直接交给你做，还是分给团队其他人一起做，抑或是招几个新人摸索着做？）

7. 你身上有没有溢价的部分？

发现没有，全是关于成本的账，无论什么性格的领导，他思考问题的核心都是"投入产出""性价比"。

无论在职场的什么级别，"向上发展"的底层逻辑都是"利益成本"的博弈。举个例子，我之前在"四大"之一的德勤摩立特工作，该公司实行合伙人制，合伙人分成两类：权益合伙人与非权益合伙人。权益合伙人拥有事务所的一定股权权益，参与分配事务所的利润。而能否成为权益合伙人，除了看个人能力与创造的价值外，还会受到如何实现全体合伙人利润分配最大化的影响。

因此，无论级别高低，如果想要晋升，都要学会站在"利益成本"角度看问题。

我们眼中的"晋升涨薪"＝领导眼中的"利益成本"

了解了领导视角下"向上发展"的逻辑，要怎么做才能争取到满意的薪酬呢？需要考虑的问题包括：

1. 我做的工作有哪些？

2. 我在外部市场上可以对标什么薪资水平？（参考"怎样才能拿到百万年薪"一节提过的薪酬数据参考表。）

3. 我在当前岗位级别上的胜任度和竞争力如何？

4. 按照更高一级岗位要求的能力模型，我的潜力如何？是否已提前在做更高级别岗位的事情，创造更高价值？

5. 基于接下来的工作计划，我能否帮助领导创造更高的价值？

6. 工作由我自己来做，工作分给同事一起做，我来管理赋能团队，我带新人的同时开拓新项目……怎么排列组合公司的收益最大？

7. 我身上有没有溢价的部分？（例如：额外的工作量可以带来溢价，但是工作属性不变只提高工作量，溢价部分很有限。）

	领导视角	个人需要考虑的问题
1	需要你做的工作有哪些？	我做的工作有哪些？
2	这类工作在市场上招人大概什么价位？	我在外部市场上可以对标什么薪资水平？
3	相比同级岗位员工，你的绩效如何？	我在当前岗位级别上的胜任度和竞争力如何？
4	你是不是潜力股，正在或者将会产生更大的价值？	按照更高一级岗位要求的能力模型，我的潜力如何？是否提前在做更高级别岗位的事情，创造更高价值？
5	未来的工作计划里，你能否为我创造更大的价值？	基于接下来的工作计划，我能否帮助领导创造更高的价值？
6	分配工作时，怎么排列组合性价比更高？	工作由我自己来做，工作分给同事一起做，我来做管理赋能团队，我带新人的同时开拓新项目……怎么排列组合公司的收益最大？
7	你身上有没有溢价的部分？	我身上有没有溢价的部分？

站在领导视角下个人需要考虑的问题

要站在管理者的视角审视自己，而不是完全站在自己的视角，只想从公司口袋里掏钱。

做完以上的梳理工作后，你就可以约领导做汇报了。汇报结构要包含三个部分：

工作总结：梳理你的工作内容，通过具体事件与复盘总结，证明你符合本岗位级别下的各项能力标准，是同级别员工中的绩效佼佼者，甚至你已经提前在做更高级别岗位的事情，具备更高级别岗位所需的部分或全部能力。

工作计划：制订合理的工作计划，一方面可以进一步展示你的工作能力，另一方面也会让领导相信你将来会为他创造更高的价值。在你的工作计划中，甚至可以涉及对团队规划的思考，比如你觉得一个什么样的团队分工模式，对领导来说成本最低、收益最大？

需求提出：如果公司业绩不好、预算紧张，可以先表达对领导压力的理解，同时真诚地提出自己的期望，向领导提出一个合理和可接受的晋升或薪酬目标。

工作总结 → 工作计划 → 需求提出

晋升涨薪的汇报结构

如果领导拒绝你，或者给了你一个远低于你预期的数字，该怎么办？能不能再去谈？

要先看自己的筹码，如果基于上述梳理，你的竞争优势和创造的价值很大，甚至你对比过外部机会，验证过自己对薪资水平的判断，那就可以基于自己的目标数字，进一步说明自己的成绩，以及下一阶段自己可能创造的价值目标，再做一次争取。

在第二次谈晋升或者涨薪前，记得先感谢领导帮你争取过，你理解部门目前有哪些具体情况和压力，你知道领导已经很尽力，所以非常感谢他的全部帮助，接着再客观理性地表达需求和说明。

如果第二次还是无法争取到，本轮谈判就可以先结束了，不要陷入无限的拉扯中。所有最后能取得的成果，都来源于前期的持续推进，因此，只要在关键节点做了正确的动作，得到的结果就已经是当下最好的结果。等到下一个产出新成果的节点时再跟进，得到的可能就是理想的答复。

涨薪的本质是价值互换，要用商业思维来谈涨薪。

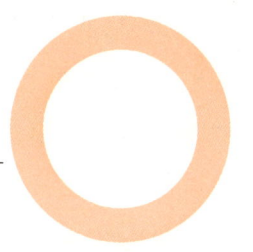

晋升必备思维：数据思维

数据思维是管理者的必修课。

可能很多人上学的时候，数学都不太好，因而对"数据"二字都是望而生畏，本能地想躲避和数据相关的职位。

坏消息是，任何岗位想晋升到管理层都需要数据思维；好消息是，如果你开始接触数据，就会发现它在职场上的应用，和我们印象中的"数学"是两回事，没有那么可怕，每个人都可以通过练习掌握。

数据思维和数学是两回事

先来看一张我在日常团队管理中用到的数据图表，你可以感受一下什么是管理工作中的"数据思维"。

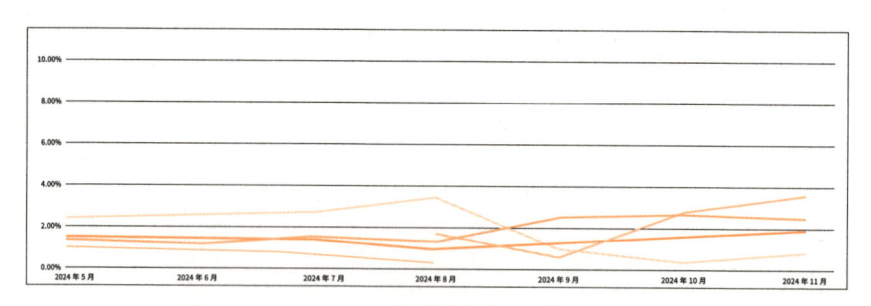

运营数据看板

这张图表体现的是不同平台的某项运营指标的逐月变化情况。通过这张图表，可以看到数据的整体走势，进而分析某一平台数据下滑的原因，再进一步合理确定下个月的目标……除了这张图表之外，还有很多关联数据图表，能进一步分析某个数据出现异常是由什么原因造成的。

有的人可能会觉得，看这张数据图表就已经很让人头疼了。但其实**数据只是"果"，管理需求才是"因"**。正是由于有管理目标，能够与数据反映的实际情况进行比对，我们才可以对出现异常的数据情况进行重点关注，进而基于业务逻辑来分析原因，最后相应地调整管理目标或业务模式。**这就是利用数据分析思路回应管理需求的基本逻辑。**

有人可能又会问，运营、销售等部门，自然会产生大量的数据指标，但如果我的工作和数据无关呢？不可能！**任何部门的工作内容都可以量化，成果都和数据有关，可以被"信息化"。**

再举个例子，我公司有一部分业务是组建职场发展训练营售卖课程，班主任的工作质量对学员的学习效果和满意度会产生极为重要的影响。假设作为班主任的你需要对购课学员进行课后服务，如果不具备数据思维，你会怎么做呢？认真负责、掏心掏肺、有求必应……但你的工作真的有效吗？学员的满意度一定会因此提升吗？那么，常见的数据分析指标就有这些：学生听课率怎么样？完课率怎么样？求职上岸率高不高？市场上同类产品数据平均能做到多少？我们的指标是高于市场水平还是低于市场水平？基于我们自己的业务需要，希望把这些指标做到多高？目前的水平距离目标还差多少？接下来可以通过什么手段来优化？

班主任交付运营核心指标

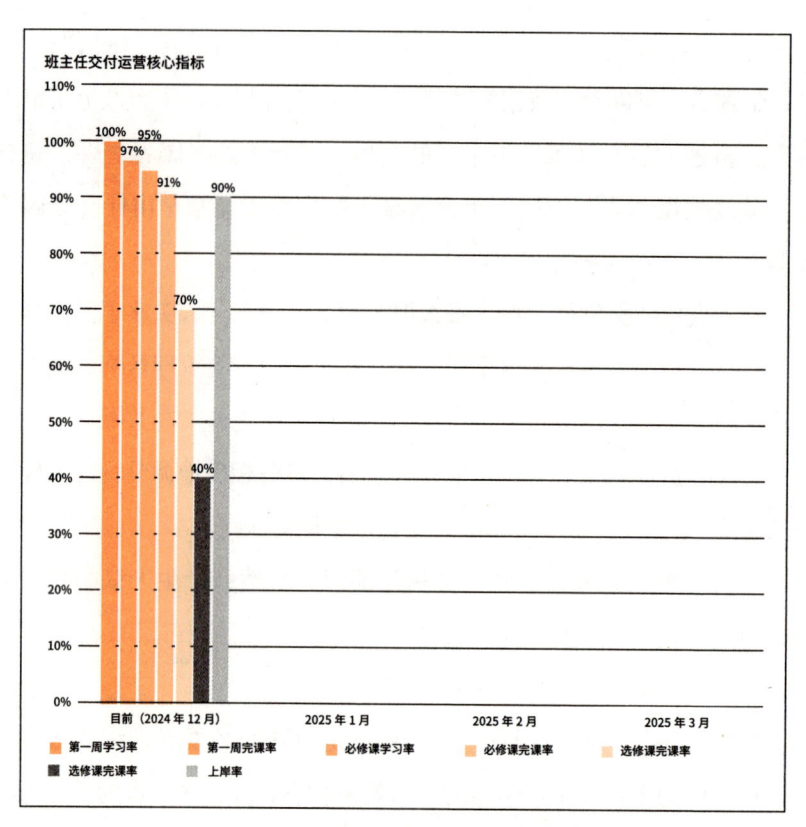

指标	目前（2024年12月）
第一周学习率	100%
第一周完课率	97%
必修课学习率	95%
必修课完课率	91%
选修课完课率	70%
选修课完课率	40%
上岸率	90%

任何岗位都可以数据化管理

数据思维对于成为管理者有四点帮助

帮助发现问题与机遇。在没做数据管理之前，我们发现问题与机遇的时间可能会滞后。比如，我们公司之前有一块业务，营收尚且在令人满意的范畴内，所以这块业务就一直按原样运营着。过了1年多，在一次团队会议上，有人灵光乍现，想到一个新的点子，我们测试后这部分业务的营收马上提升了1%。我事后复盘，如果我们提前对业务的关键指标进行管理，就能系统地思考每一个环节的指标是否还有提升空间。这样很可能1年前我们就能发起这场讨论，想到这个点子，提升这部分营收了。**完善数据管理，定期体系化地复盘工作，我们对问题与机遇的发现就会变得更可控。**

帮助过程管理与问题解决。有很多管理者没有数据思维，一味强调"只看结果不看过程"，最后员工所做的工作不及预期，就算发火也不能真正解决问题。我自己的公司在管理上，强调所有过程指标透明化，比如销售团队，不仅要看最后的销售结果，也要看过程中每一个步骤的关键指标。例如，如果我们关联营收指标和用户活跃指标发现，某个月效益不好是因为用户参与率低，就会继续分析，用户参与率为什么低？这样我们可能就会发现是因为投流不精准，或者修改了某个运营动作。基于此，我们就能精准又快速地找到根本原因，进而解决问题。不仅如此，团队成员会感到更有工作成效，也更愿意和你共享数据，一起聚焦精力解决问题。

"只看结果不看过程"的意思是，管理者可以不必过多关注执行细节，但需要围绕结果进行过程指标管理。

帮助降低管理成本。我在做自媒体公司的时候，需要一边做直播输出内容，一边管理公司。其实这是两份工作，我能兼顾得过来，一个很大的原因就是借助数据做管理。公司每个月只开1次团队例会，平均时长3个小时，通过十几张数据看板，查看月效益情况并发现问题，团队成员直接就解决这些关键问题的方案进行讨论。会议常常快速且高效，这样改进就会相应体现在下个月的数据中。

帮助制定策略。我曾经任职过的一家公司，想将业务覆盖到农村市场，又不确定这个决策是否正确。于是，我们将农村市场用户过去两年的手机支付比例数据、公司过去两年农村用户的增长数据、电商平台公布的用户数据等，放在一起综合考虑进行评估，最终得出结论，决定进一步拓展业务。从结果来看，这次业务拓展的决策为公司带来了不错的经营效益。**任何岗位晋升到管理层之后都需要做决策，而依靠数据去分析结果是做决策的前提。**

企业里的数学问题，不是简单的加减乘除，而是结合数据与业务进行分析。

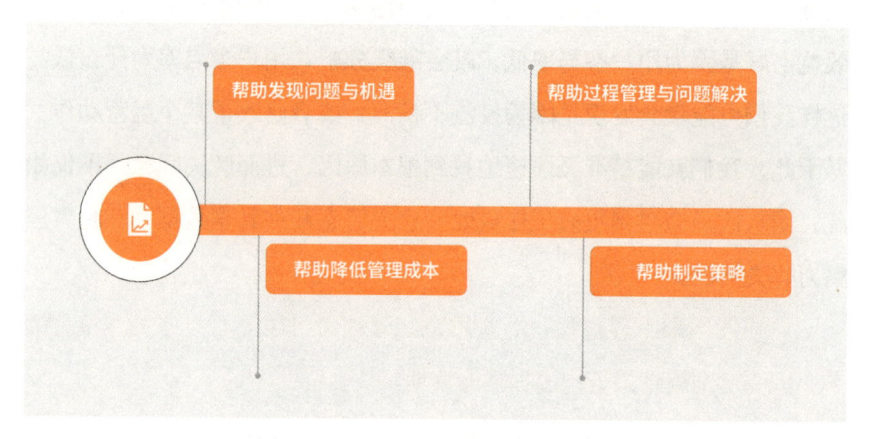

数据思维对于成为管理者的四点帮助

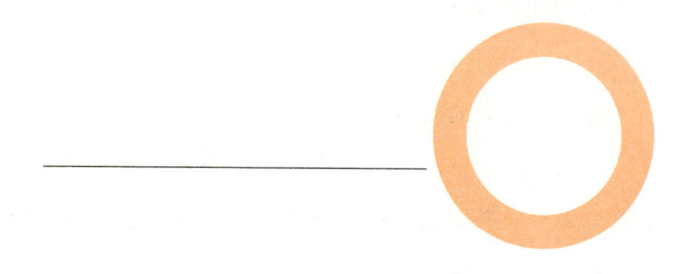

晋升必备思维：逻辑思维

逻辑思维，是真正拉开人与人之间差距的密码。

茵茵是一家公司的职员，因为工作效率高，执行效果也比较好，领导恨不能把她一个人掰成三个人用。可是茵茵很委屈，凭什么因为自己能干，就要成为被鞭打的快牛？她告诉我说，领导最近又想做直播账号了，团队没人有经验，于是这件事不出所料又落到了她的头上，她都想离职了。

我向茵茵了解她目前的薪资情况，她说在一线城市，月薪1万元。我请她算了笔账："如果把手头现有的工作量乘3倍，你的月薪会变成3万元吗？"她说："那肯定不能！"

我再请她算笔账："你现在手里同时做三件事情，把其中任何一件事情单独拎出来作为岗位工作内容，去求职市场上应聘，能拿到2万元的月薪吗？"她说："应该也不能！"

不急于执行，先梳理逻辑

换一个逻辑来思考这个问题。**先不要着急去做一件事，而是要先梳理做事情的逻辑**。比如，领导想做直播账号，那你就要思考怎么衡量账号运营成功与否？怎么设定合理的目标？怎么分步骤来实现这个目标？做账号的过程中，如何发现问题和解决问题？这是你能为工作这件"事"创造的价值。

此外，你也要从"一个人闷头做"的状态，逐渐调整成"牵头推进"的状态。一开始事情还没有眉目，所以没有足够的资源，你要负责统筹，也要负责执行。因此，你得从自己身上剥离出来"统筹"和"执行"两种角色来，做出阶段性的成绩，最好是把其中一两个板块干得特别扎实、特别出彩。领导看到你投入的时间产生了"水花"，才有可能进一步为你投入资源，这样，你身上"统筹"和"执行"的角色才能慢慢分开，你的工作量也会慢慢减少，但工作的含金量却会越来越高。说个职场真相，其实企业里很多项目到最后都不一定能成功，但在这个过程中充分展示才能的人，会持续得到重用。

领导是"资本家"思维，一方面要看结果产出，一方面要看员工的"性价比"。如果你的工作属于四处"打补丁"，哪里需要补位你就去哪里，每件事都干得不深，那么你的整体价值感就会偏低。一个人闷头做自己的工作，不与流程上下游的其他人沟通，通常很难保证结果的产出。即使自己的工作完成得很好，从结果来看，也"没有什么用"。

从管理者视角来做事，具备统筹思维

而按照上述逻辑进行调整后，你会发现从"管理者视角"来做事，你会有统筹思维，工作不再是单一环节的内容，而是通过与同事协同合作更有力地促进目标的达成。这种工作方式更能保证工作成果的产出。

这样一来，领导原先支付给你的只是"执行任务"的工资，你却表现出了"统筹整体项目"的能力。在他眼里，你的"性价比"更高了，那么晋升、涨薪也是必然的。领导甚至会比你更着急帮你招人，希望可以在你这里产出更多价值。

一个月薪1万元的人,想拿到3万元月薪,不是靠工作量翻3倍,而是靠"能力模型"的改变。

在同样的"一人被当三人用"的问题面前,天天加班和内耗,尽全力把工作量做上去,远不如调整自己能创造的价值,抓住机会从执行层走到管理层。逻辑思维决定了一个人看问题的角度、解决问题的思路,最终决定了一个人会遇到怎样的发展机遇。

如何才能提高自己的逻辑思维呢?

举个例子,一位35岁的财务人员,刚刚被裁员,决定创业做跨境电商,但发现自己在做电商方面有很多能力还不具备,于是报名了跨境电商的课程,同时学习英语,目的是让自己在短期内快速补齐短板,找到竞争优势。

怎么运用逻辑思维来看待这个案例呢?

1. 挖掘本质　　　　　　　　　　　2. 明确目标

4. 落地与复盘迭代　　　　　　　　3. 找到关键步骤

一个基本的逻辑思维模型

第一,挖掘本质。

不要人云亦云地追风口,面对风口要先学会思考。就上面的案例而言,需要先捋清楚两个问题。

第五章　升职加薪,晋升思维大于努力

一是跨境电商的核心业务模式是什么？（打通从后端供应链到前端营销运营的路径。）

二是大龄职场人的职业发展本质是什么？（系统化地做准备，求职时拿到能力范围内的最优offer，入职后不断提升能力对抗年龄的增长。）

第二，明确目标。

不被社会淘汰，降低失业风险，拥有持续增长的收入与个人发展。

第三，找到关键步骤。

基于上述目标，可以从以下两点着手：

1. 针对跨境电商项目，找到优秀的对标案例，分析从后端供应链到前端营销运营之间各个环节的岗位标准，衡量目前自己的能力与标准之间的差距，目标明确地制订提升计划。

2. 针对职业发展的规划和个人能力现状，评估创业可行性和资源需求，理性做出是否创业的决定。如果选择求职，则要基于应聘的行业和岗位的要求，挖掘自己的优势，优化简历书写与投递、面试等各个环节，系统化求职，拿到能力范围内的最优offer。入职后再针对下一个阶段的发展目标，制订提升计划。当然，在这个过程中，也可以同步积累自己的能力和资源，为合适时机的创业做好准备。

第四，落地与复盘迭代。

跨境电商的项目，要做到从0到1跑通小闭环，时间至少要半年以上，而体系化地完成一轮求职验证自身市场价值的时间在3个月以内。所以侧重点改为以求职为主，跨境电商创业为辅，两方面同步推进、分别复盘迭代，等时机成熟了，再考虑放弃职场全职创业是更为妥当的选择。

按照这样操作，时间浪费更少，风险更低，成功率更高。

再回头看这位财务人员的操作就会发现：放弃职场，辞职进入新领域，踌躇满志地学习英语和跨境电商技能，结果并没有把握增加创业成功的可能性，反而拉长了空窗期的时长，使回到职场的难度与日俱增。这就是没有抓住逻辑主线，从一开始的决策就有问题。

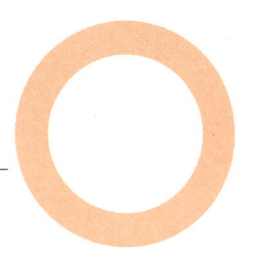

晋升必备思维：解决问题思维

解决问题的深度与高度，决定了晋升的速度。

觅觅是一名设计师，最近一直在忙活动海报的设计，手头的工作没忙完，领导又给她布置了新任务：调整设计App的UI界面。觅觅问领导：活动海报做完还需要3天，UI界面调整至少需要2天，优先级怎么排？

觅觅的沟通表现出来的能力偏"执行"，打个比方，好比是领导的"手"。而想要加快晋升速度，我们需要做领导的"大脑"。

如果换一种解决问题的思路，觅觅可以这样向领导提出建议："活动海报完成与否影响的是年底大促；UI界面的调整影响的是用户访问体验，而这进而会影响用户留存的数据，二者造成的影响是不同的。所以我的想法是，兼顾两方面的工作，在保证活动海报制作完成以支持年底大促的前提下，同时投入一定时间尽量优化UI界面，等大促结束后再将UI界面的问题全部解决。"

这个思路的整体方向不是解决"如何把工作做完"的问题，而是解决"怎么做能保证最大化地产出成果"的问题。这是解决问题能力的第一个级别，也是晋升的第一步。

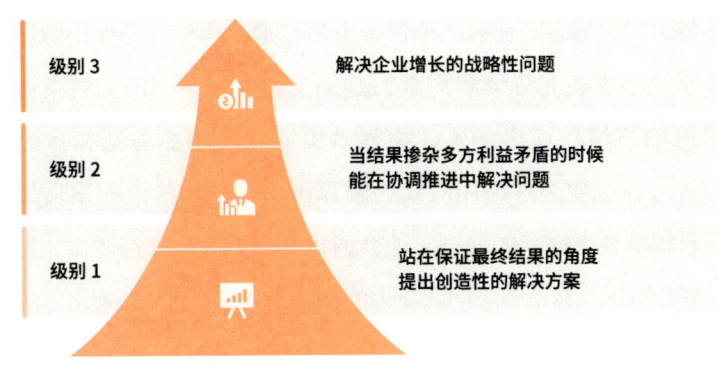

级别 3　解决企业增长的战略性问题

级别 2　当结果掺杂多方利益矛盾的时候
　　　　能在协调推进中解决问题

级别 1　站在保证最终结果的角度
　　　　提出创造性的解决方案

解决问题能力的 3 个级别

小霖是公司IT部门的一名工作人员。某次，他提出了一个网页的解决方案，业务部门对他提出的方案不满意，要求他改方案。小霖看了一下业务部门的需求，预估开发成本超出了原本的预算。此外，他手头还有别的IT项目，领导要求月底上线。没预算，又没时间干，小霖就决定强势说服业务部门接受当前方案。

小霖这个解决问题的思路是非常危险的，因为就算成功说服了业务部门，也只是看起来"解决"了当前的问题，事实上可能为日后的工作埋下隐患。如果开发出来的系统业务部门反馈不好用，甚至拒绝使用，就会导致IT部门在公司高层面前挨批。公司会认为是IT部门浪费资源开发了没有价值的网页，而这也会在公司内部进一步影响IT部门的口碑。这个负面影响的"锅"，必然会由小霖来背，以后小霖不仅推进工作会遇到不小的阻力，个人晋升也可能面临更大的挑战。

这件事情背后，业务部门的需求、IT部门的需求、小霖自己的需求（希望月底尽快完成领导交付的任务）是存在矛盾冲突的。比较好的解决方案是，小霖先和业务部门沟通，把他们不认可的方案丢一边，重新挖掘他们深层次的需求，了解他们的业务逻辑和流程以及不接受方案的原因。沟通的时候要注意充分获取信息，然后思考解决方案，再给自己部门的领导做详细完整的汇报，包括业务部的需求以及执行方案所需要的预算和时间等信息。在有实质性推进后，最后再向业务部门做反馈，让对方感受小霖在充分理解需求的基础上在能力范围内为解决问题做了有价值的事情。这么一来，小霖就更容易获得业务部和自己直属领导的认可，也能为本部门后续的预算申请和工作推进积累良好的基础。**不只解决自己眼前的问题，还会通盘考虑多方的利益矛盾，在协调推进中解决问题，这是解决问题能力的第二个级别。**

之前我在管理咨询公司做战略顾问的时候，经常有人会问我，为什么我所从事的这个行业的平均薪酬那么高？因为我们都在解决第三个级别的问题——企业增长的战略性问题。比如，我曾服务过的一个传统外资世界500强农业企业，因为政策变动、市场趋于饱和、国内企业加剧竞争等导致农药生产急剧下降，进而导致企业规模停止增长。在此情形下，企业如何找到新的业务增长点？或者在维持现有业务的情况下，如何降低经营成本提升利润？这就是当时我们要解决的问题。

你在企业管理中能参与解决问题的级别越高，回报就越大。但是，想要参与战略层面的工作，需要先具备战略思维，并产出有价值的洞察思考。也就是需要有很强的自我驱动力，主动学习、思考、积累。这是解决问题能力的最高级别，决定了晋升的天花板在哪里。

不懂职场规则的人怕问题，深谙职场规则的人主动发现问题、解决问题。

晋升必备思维：商业思维

公司的内核是商业运作，想要实现职场跃迁，必须主动靠近核心思维。

李敏是英语教培机构的一名老师。由于市场环境变化，公司领导想开拓新业务增加营收，从英语培训赛道拓展到成人英语面试赛道。因此，李敏的相当一部分工作内容，要转向帮助学员进行英文模拟面试。外部环境不如人意，工作内容又有重大调整，她找到我说自己对前途很迷茫。

我告诉她，先别急着迷茫，说不定这也是个晋升的机会。公司刚做这块业务，大家都没有经验，而你在一线可以直接接触用户，最容易了解用户需求。如果进一步研究，还可以调研市面上其他做这块业务的公司，有没有做得特别好的？他们的业务模式是怎样的？公司的产品、服务和竞争对手相比，有竞争力吗？基于你现在帮人做英文模拟面试的过程，你觉得哪些流程可以优化？什么样的运营机制能提升用户的体验感，同时还能帮公司降本增效？……转换一个思路，也许就能看到不一样的机会。如果把握得好，说不定可以在很短的时间内，从一个普通的英语培训老师，晋升为这块新业务的负责人，乃至以类似"内部创业合伙人"的角色，跃升至公司的核心管理层。

看起来很普通的日常工作，如果具备商业思维，也可以帮助你拨开云雾找到机会。如何才能拥有商业思维呢？最重要的是站在企业经营者的视角看问题，同时具备一些基本的商业知识，可参考下面这张图所列的内容。

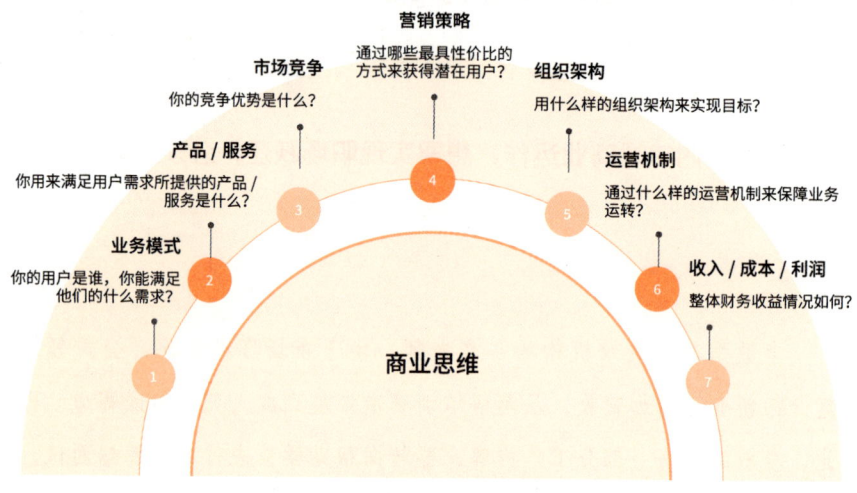

营销策略
通过哪些最具性价比的方式来获得潜在用户？

市场竞争
你的竞争优势是什么？

组织架构
用什么样的组织架构来实现目标？

产品/服务
你用来满足用户需求所提供的产品/服务是什么？

运营机制
通过什么样的运营机制来保障业务运转？

业务模式
你的用户是谁，你能满足他们的什么需求？

收入/成本/利润
整体财务收益情况如何？

商业思维

商业思维的基础框架

我在德勤摩立特做管理咨询顾问的时候，哪怕这么成熟的大公司，内部也有很多创新机会，可以让我实现个人晋升。

比如，我之前部门的业务模式是为企业提供战略管理方面的解决方案，我们的报酬是服务费。那么有没有可能做业务模式创新呢？有。我们可以给企业提供更具深度、更长期的战略管理解决方案，并且参与运营过程。在这种更深的捆绑合作模式下，我们可以占企业一定比例的股份，这样我们的报酬不只是服务费，还有股权分红。这就是**业务模式的转换思考**。想要晋升，肯定得有拿得出手的成绩。我首先想到的就是研究市场竞争环境，进一步确定我的产品/服务要怎么设计？客户资源从哪里来？是通过营销投放广告，还是从老客户中筛选挖掘？要给企业提供这种深度捆绑式的解决方案，从组织架构方面考虑，需要成立新的团队吗？配套什么样的运营机制才能保证交付效果？在这套新的业务模式下，有利润吗？投入产出比（ROI）怎么样，是否大于1？……这些都是我要去思考的。

我曾经在某互联网大厂成功推进过一个新项目，这个项目也是我短时间内实现晋升的一次契机。我当时负责的工作是基于公司业务数据形成数据分析报告，并提供相应的咨询服务，帮助华为之类的大客户实现营收增长。当时我所在的企业是美国公司，暂时没有开通获取国内开放数据的权限，所以我是用国内的权限做了小范围的产品/服务和业务模式测试，然后尝试对外进行销售。后来，陆续有企业愿意付费，并且从市场反馈来看，竞争力很强。于是，我又陆续找了公司多个部门的主管，并向美国总部反馈了新产品的市场需求和效益情况。很快，公司推动解决了数据权限的问题。

也是在这件事情上，我发现当投入产出比具有绝对吸引力的时候，也就是商业行为能给公司带来巨大价值的时候，之前看上去困难重重的事情其实阻力并不大。后续要做的就是让运营机制更完善，以及相应地调整适合这套业务模式的组织架构。在业务模式稳定后，再通过营销策略来扩大规模就好。而我也迎来了职业发展的新机遇。

想要更快晋升，就要更早拥有更高视角。

晋升必备思维：管理思维

我"不适合"做管理怎么办？我"不喜欢"做管理怎么办？

经常有人问我，我的性格可能不适合做管理吧？如果我不喜欢管人，我可以不做管理吗？

这是我听到最多的关于"要不要做管理"的两个问题。

其实以前我也有同样的困惑，当时我还是20岁出头的小姑娘，我希望能做点有趣的、能发挥我创意的工作，团队里人际关系别太复杂，对于工资收入我也没有很高的预期。我不想管人，甚至因为性格有点社恐，会希望工作中能尽可能避免与同事进行不必要的对接。

后来我发现一个真相：原来，做不做管理不是选择题，而是必答题。随着年龄增长、精力下滑，部分工作技能逐渐落伍，进入管理层是拉长职业生命周期的必要手段，也是提高自身职场价值的必经之路。

不想做管理的人听到这里可能会问，那怎么办？我真的不擅长管理。别急，好消息是，管理并不难。

其实"管理"不是一种身份，也不是一个动作，它是一份工作的内容，和我们现在所做的岗位工作一样，需要经历从新手小白到熟练老手的过程。只要刻意练习，每个人都能做好"管理"，胜任管理层所要做的工作。

那么"管理"到底是管什么呢？它包括以下三个板块：

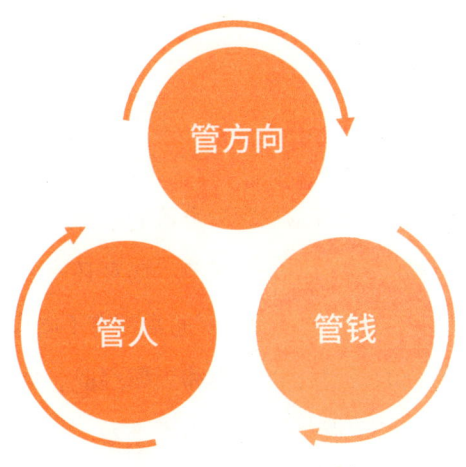

经典的管理模型三大板块

如何"管方向"？

之前我做管理咨询的时候，服务过一家传统企业，是某行业的龙头老大。这个行业有一些特殊性，主要依赖传统渠道进行销售，暂时没有铺开电商渠道，他们需要决定的是：未来要不要做电商？如果做，可能会带来业务增量，还能成为业内数字化转型的标杆。但如果没做好，也可能会由于影响了现有渠道合作商的利益，引起他们的不满，造成业绩滑坡。

做还是不做？管理者这时候就要给方向了。

再比如，我现在自己创业开公司，我们的业务目前主要围绕我的个人IP展开，未来要不要孵化更多IP向MCN机构的方向发展？新一年的业务目标定多少？由哪几个大的业务模块来达成这个目标？以什么样的时间节奏推进？最后拍板拿方向的人必须是我，这是管理者的权利也是责任。

很多人看到这里可能会担心：我不敢拍板怎么办？感觉自己担不起这份责任，压力太大了。

其实也不必过度担心，并不是所有责任都会落在你一个人身上，公司决策是根据一定的流程机制做出的。 在你拍板之前，会有很多前置工作来为你提供决策依据，确保最后得出准确的结论。

"定方向"是整体工作的一个环节，前期还有调研、讨论等一系列环节。在职场上，不同级别的管理者通常都有不同程度的职业积累，这个过程中不断累积的逻辑分析能力和判断经验，原则上与管理者的决策权限是基本匹配的。况且，定方向也不是"一锤定音"，在推进过程中还可以继续基于新的信息反馈来调整方向。管理者更像是一个"舵手"。

如何"管人"？

管人，可能是很多不想晋升的人最大的心理负担了。做下属的时候就不喜欢被领导管，甚至有点害怕领导来管，现在，让我自己来管人？算了吧……下属如果和我意见有分歧怎么办？有人不服我管怎么办？面对工作不达标的下属，我怎么和他沟通呢？想想就心累……

确实，管人这件事不简单。

当我走过新手管理期，回过头复盘那段困难时期时，我只想对曾经的自己说：**永远不要用当下的认知去给自己的未来设限。** 管人是有科学方法的，只要逐项练习掌握，远没有想象中那么复杂和困难。

管人第一步：基于项目工作的分配，做好人员布局。比如，你负责团队的年度目标是什么？需要分成多少模块来实现这个目标？结合团队里每个人的能力匹配度、工作量、流程衔接等因素，你就可以像下棋一样把对的人放在对的位置上，这就是布局。

比如，我的团队业务模式升级，需要新增加"私域运营"板块，我就会思考这个工作交给谁负责更适合？是负责运营的人，还是负责内容的人，又或者需要一个单独的项目经理？……综合诸多因素的考虑，最后我才会决定人员分工。

这个分工布局是动态的，并非一成不变。你所在团队的业务成熟度会变化，人也会变化。对于某个具体的职位，有些人一开始可能无法胜任，后续通过培养又可以胜任，有些人则可能是反过来的。而且，你会发现人对工作的期待和自己所处的人生阶段也有关系，一个人很难从始至终都是"力争上游"的状态。有些岗位很适合"不思进取"的员工，把手头的事情做好做扎实就好，他们没有什么野心，也没有不必要的想法；而有些工作则要给到那些"力争上游"的员工，他们积极进取，很适合去做开拓新业务的工作。不同的人应放在不同的岗位，所以管理者需要关注每个人的状态变化，同时，沟通也是管理者最需要提升的能力之一。

在"管人"这件事情上，有一些管理机制和工具可以借助，比如奖惩措施。

关于"惩罚"，很多新手管理者容易陷入两个极端，要么不敢罚，要么滥罚。市场上存在的手段一定都是有效的，但要注意使用情境。比如，针对初级员工，惩罚可以帮助他们规范工作行为，让他们在工作标准上"长记性"，因此更重要的就是先有明确的标准，而不能在无明确的工作标准前提下惩罚。

关于"奖励"，也有讲究。奖励标准要简单明确，太复杂的奖励机制，算都算不明白，产生的激励效果就会大大削弱。"奖"是为了达到引导的目的，比如你团队目前的积极性和工作绩效本来就很好，你突然增加一个奖励，员工反而很容易会因为你的引导干预而削弱自己的热情。再比如有些管理者希望激励运营岗的人，于是制定制度让运营工作和项目利润分成挂钩，这看起来是很直接的激励，但实际上可能不合理。因为运营工作的属性是前期搭建运营模式和框架，后期按流程执行即可。负责前期搭建框架的人付出了很多，而后期负责执行的人却能持续享受利润提成，这就不合理，更合理的激励形式是"项目奖金"。

这个过程其实并不复杂，本质上就是一件事：**通过学习和运用管理策略，调动团队成员的积极性**。至于具体采用什么样的方式，只要能抓住内核，方式方法都是灵活可变的。

我管理的团队，每个模块都会有清晰的指标，而且指标不是孤立的。要实现目标，通常都需要不同模块间有效协同配合，部门间强化沟通，这就需要有好的企业文化。好的企业文化会让同事间的沟通更顺畅，像一个篮球队一样，大家互相协同，为了共同的目标而努力，从而产生凝聚力。相反，如果企业文化出了问题，可能就会导致不同模块各自为营，出了问题就互相甩锅，最后业务发展受阻。

怎么才能树立好的企业文化呢？具体的做法包括管理过程指标、设定合理的奖惩机制、筛选把关人员等，可能还得适当做些团建，创造条件增加团队成员间的熟悉度和信任度。

当你逐渐胜任管理者这个角色时，你会发现自己看人的能力、看问题的角度、人脉资源、经验积累等等，都会有所提升，这些都是非常宝贵的职场经验和人生体验。

人需要环境和角色帮助自己成长，成为管理者是自我成长路上的一段修炼。

如何"管钱"?

管理者一定要对钱敏感,利润是企业运作的核心。

金金是一家公司的运营者,一开始他的工作核心是研究通过哪些运营手段可以让数据实现增长。当他做了管理者后,他就需要打开"管钱视角"。他开始计算不同渠道的投入产出比,从而决定下一次的运营活动投放在哪个渠道更划算。当计划启动一个新的运营项目时,他就不再只是考虑这件事怎么做了,他还会考虑如何降低启动期的成本,后期持续管理投入产出比,在利润合理的情况下逐渐扩大规模。

每个管理者都要懂点财务基础知识,学会看财务三表(资产负债表、利润表、现金流量表)。在做管理前,我们常常容易忽略公司为我们付出了多少成本;而做了管理后,我们会发现部门成本的大头就是人员上的支出。哪怕你只是一个小部门的负责人,也可以结合对公司盈利情况的了解、自己部门对公司盈利贡献的影响,评估一下目前部门的成本。接着,你或许就能找到下一步应该在哪里发力,如何有节奏地申请资源把握性更大,你的工作也就更容易踩在领导的"心尖"上。

管理是一门科学的学科,不要仅仅因为自己的感觉,过度放大对做管理的恐惧。

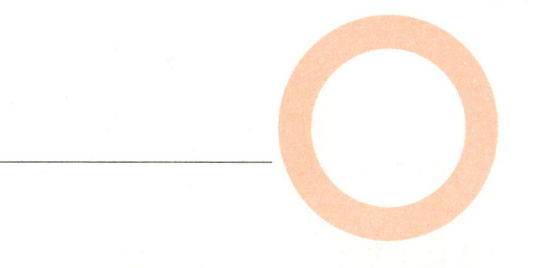

第六章 转行跳槽

升值『捷径』

无论公司大小,在晋升的路上,
我们都要时刻具备转行的积极心态,
这样才能在职业机会到来时
放大自己的优势,拉高未来的上限。

转行跳槽是每个人的职场必修课

越早掌握转行跳槽技能，越早拥有在职场上的主动权。

曾有一位来访者找我做职业咨询，她的背景算得上非常优异，北大本科、美国藤校研究生+MBA的学历背景，毕业后先在香港律所做IPO（首次公开募股）业务，然后又被挖到顶级投行一直做到MD（董事总经理）。然而到了30多岁时，由于投行业务增长遇到瓶颈，又遭遇了家庭的一些变故，身体上也出现了问题，她便开始考虑换一份工作。但是对于新工作的选择，她有些犹豫，本想去做节奏相对舒缓稳定的财务管理，又感觉心态上一直没有做好褪去曾经的职业光环的准备。在找我做职业咨询之前，她已经经历了好几年的痛苦煎熬。

我当时就很感慨，即使履历如此优秀的人，因为缺了"转行跳槽"这项技能，居然也会在人生的关键节点不知所措。那些看起来一帆风顺的职场成功人士，好像从来不需要考虑跳槽转行的问题，可这也未必是好事情。有时候我很庆幸自己因为起点不高，所以更早体会到了"不得不换工作"的压力，早早就开始摸索方法、积累经验，而这项能力也成了我在职场的核心竞争力之一。

接下来，就为打开这本书的你，补上"转行跳槽"这门课。**对背景不够好的人来说，转行跳槽是救命稻草。**

转行跳槽,是每个人的职场必修课

如何有的放矢地跳槽?

如果你的学历背景不够优秀,在走出校园的那一刻,市场上有些工作机会对你就是关闭的。这句话可能有些残忍,但先别急着难受,这是好事!这说明职场是相对公平、有规则的,而逆袭的钥匙就藏在规则背后。

本书"三步看懂招聘要求"一节有介绍过"职场竞争力的六大维度",学历背景属于第六维度"个人背景"的范畴。刚出校园的我们,因为其他五维度的能力都接近于"白纸",学历背景的考量就会占很高的比重。这在一定程度上会将我们按"阶层"分配到求职市场的不同位置,然后打响第一轮竞跑的枪声。

好的赛道会带来持续成长的先发优势,但这不意味着落后赛道的人就没有机会后来者居上。我们只要用对方法,加速提升六大维度中的各项能力指标,就可以切换到更好的赛道。因此,跳槽转行是必不可少的环节!

我刚毕业时,由于学历背景不好,尽管投递了很多世界500强头部公司的核心岗位，但事实证明这些岗位都不属于我，最后我只得入职了一家小公司。求职的挫败感让我暗下决心，我一定要不断进步，未来总有一天，我要进入世界500强公司工作。

于是，我没有把领导布置的工作任务当成自己的全部目标，而是额外做了很多功课来主动规划职业发展方向，积极提升当前岗位之外的能力。

我的努力很快有了效果。在学历背景没有改变的前提下，凭借比同龄人更出色的工作能力和业绩，我在很短的时间内就跳槽到了相对更好的公司，并切换了赛道。又过了两年，我继续提升自身能力，继续跳槽与切换赛道，并在这个过程中逐渐有了职业规划的意识，也更善于观察和总结。那些刚毕业时显得毫无可能的机会，通过几次跳槽，我离它们的距离就越来越近了，直至最后它们成为我可以真正把握的机会。

市场上的职业机会不是只有"好机会"和"差机会"之分，其间还有很多中间档位。对背景不够好的人来说，有些"好机会"注定只能分步骤去获得，而跳槽就是其中的必经步骤。有的放矢地跳槽，可以有效地帮助我们弥补起点不够好的劣势。

转行跳槽是非常重要的一门课

我的一位学员，毕业后以管培生的身份加入某头部地产国企，轮岗两年后定岗从事营销工作，工作将近20年，做到营销总监的职位，年收入也十分可观。然而后来，市场饱和，行业受阻，营销预算被砍，个人收入也开始下降……他感觉遇到了职业发展的瓶颈期，开始思考下一步能否转行。

我的第一份正式工作是猎头顾问，一开始大家不知道猎头是什么，市场开拓非常容易。后来，北京逐渐冒出数百家猎头公司，优秀的候选人一天内可以被不同猎头接触好几次。再到今天，甲方甚至要求公司内部的招聘人员具备猎头能力，数不胜数的大小猎头工作室让老牌猎头公司的生存空间越来越小。而这种变化，不过发生在短短10余年间。

后来，我先后从事过互联网、管理咨询专业服务、自媒体等领域的工作，我发现，没有行业可以在完全不变的状态里保持高速增长，而未来行业的更迭周期会更短。这也就意味着，在职场生涯里，我们每个人都会经历所在行业从高峰到低谷的变化。

转行跳槽对职业人士的晋升有积极意义

如果把职业生涯想象成一座金字塔，你会发现，越向上发展越"不稳定"（积极意义上的不稳定）。字节跳动的张楠，一开始负责UGC（用户生成内容）业务，后来推出抖音一路走到CEO的位置，再后来卸任抖音CEO把精力放在剪映业务上……我相信几年后，她的工作内容一定还会有调整。

我之前做战略顾问时，参与过一个大型农业项目。项目运转期间，客户公司的农药植保的负责人被调去分管数字农业板块。调整管理层所分管的领域，是很常见的情况。无论公司大小，在晋升的路上，我们都要时刻具备转行的积极心态，这样才能在职业机会到来时放大自己的优势，拉高未来的上限。

我很幸运，从职业初期就以积极的心态，将转行跳槽融入我的整个职业规划里，也成功抓住了几个不同行业的红利期。我希望通过本章的内容，与你分享关于跳槽转行的积极视角，以及完整的实操方法。

转行跳槽帮你加速形成"独有经验"

什么是职业发展的"护城河"？职业发展初期，你会发现"护城河"就是"高标准+软实力"。职业发展到了中后期，你又会发现"独有的经验"才是"护城河"，而转行跳槽就是帮你加速形成"独有经验"的最有效途径之一。

迪士尼的CEO罗伯特·艾格，并非一直从事动漫行业。他早年曾任职于ABC（美国广播公司），并在ABC做到了管理层的位置。缺乏动漫行业的经验并未对他成为"让迪士尼起死回生的人"形成太多阻碍，相反，他在ABC的管理经历以及养成的职业习惯和思考方式，为他接手经营时已危在旦夕的迪士尼带来了奇妙的化学反应。

我的职业生涯里曾有一段高光经历，那是离开Mercer跳槽去LinkedIn任职的初期。当年Google等硅谷大厂在中国市场水土不服，市场对刚进入的LinkedIn的关注度很高。因此总部要求"做符合中国市场的产品"，并从公司股权结构到产品技术给了很高的自由度。当时我所在的部门工作内容偏向商业分析，但因为公司所处阶段的特殊性，部门的定位还比较模糊，看上去更多像是把不同背景的人凑成一个部门，从商业分析角度支持公司下达的各类任务和需求，员工的自主发挥空间非常大。

我将自己在Mercer做HR咨询和洞察报告的工作模型，结合LinkedIn的大数据，做了首个洞察报告+HR咨询的项目。我产出的工作成果得到了公司极大的认可，也让我开始有机会带领10人规模的团队。从此，我的职业生涯迈入了高速发展的阶段。这是我将跳槽转行前后两家公司的"独有经验"合并后做出成绩的案例。

我之后的职业生涯中还有非常多类似的例子，包括我目前的"职业规划讲师"身份，也是在合并我过往职业生涯里的HR咨询、管理咨询、创业、自媒体运营、知识付费等工作经验，以此筑高我的"护城河"。这有点像网络游戏中熔炼多个低阶武器，使之变成一柄高阶武器的过程。此外，转行跳槽过程中积累的人脉，也是很宝贵的财富，既拓宽了我的社交圈，也让我在与他人的碰撞中避免思维模式变得片面和单一。

跳槽，你跳的是工资还是阶层？

你奋力起跳的方向，决定了你能到达的高度。

《跳槽，你跳的是工资还是阶层？》这是我之前写过的一篇文章，在公众号上有10万+阅读量，现在还常常被转载。求职市场上仿佛有一种跳槽标准：对方给到20%以上的薪资涨幅，就足够让人心动；假如涨薪幅度达到30%，甚至更高，就是非常不错的跳槽机会，值得去！真的如此吗？这套逻辑中存在一个漏洞。两份工作能否放在一个维度里比较？

小安是一家公司的前台行政，月薪是4000元。另外一家外资企业急聘一个懂外语、形象好的前台，愿意开出7000元的月薪挖小安。很多朋友看到这里，可能就会想：那赶紧去啊，每月多3000块钱不香吗？

我再讲一个故事，可能你马上就不这么想了。

我在咨询公司有一位前同事，她一开始是公司的前台行政，其间也考虑过跳槽，有公司给出7000元的月薪。面对新的机会，她考虑良久后，选择继续留下来。为什么呢？她不想要更高的薪水吗？但接下来，她的变化让很多人感到意外。她开始不只是完成前台的工作，还会花时间找机会跟核心业务部门接触，协助他们开展工作，并逐渐获得了业务部门负责人的认可。然后，她又主动谋求内部转岗的机会，成功转到我所在的咨询部门做助理。她就坐在我的身后，平日里我们和客户打电话沟通，她都仔细聆听，再努力自学技能主动贴合业务岗位的要求。几年后我离开那家公司时，她顶上了我的空缺，正式转岗成了一名咨询顾问。

所以，是选择4000元还是7000元的月薪，是选择工资还是"阶层"？看上去她选择了4000元，但实际上她设计了一条更长远的路，让自己的岗位属性上了一个"阶层"。

我自己的职业生涯里，从做"HR咨询"转而去做"战略咨询"，也存在类似"阶层跃升"的逻辑。在这个过程中，有多家HR咨询公司给我

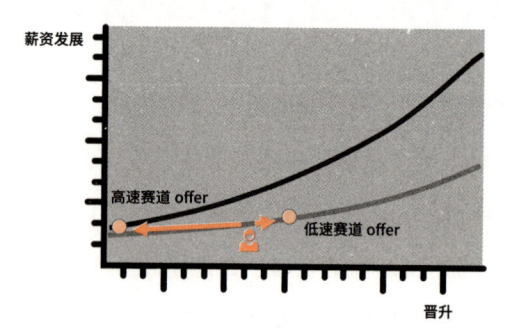

不同"阶层"薪资示例图

开出高薪，但我最终选择了薪资基本持平的战略咨询offer。因为这两条赛道不是一个级别，战略咨询岗做到高级顾问与HR咨询岗做到高级经理薪资基本持平。当然，我做这样的选择不只是基于薪资这一个因素。这说明了一个问题：职场是存在不同"阶层"的，所有offer并不是在同一维度中竞争的。单一地以"涨薪幅度"这个标准来评判是不是该跳槽，也许会有失偏颇，还是要结合是否属于核心岗位、公司平台的级别等情况来综合判断。

眼前的高薪资和未来的高天花板，我们到底要哪个？

怎么判断该不该跳槽？

把握住职业规划的大逻辑，再提升人际矛盾应对能力，就能提高对跳槽的控制力。

有的人在一家公司待了10多年，有的人却频繁跳槽，那到底什么情况下应该跳槽，这是很多职场人士的困惑。请看看以下几种情况，你会做何判断？

- 领导亲小人、远贤臣，个人职业价值难以得到发挥……
- 领导格局低能力差，不值得追随……
- 和领导的工作风格不相合……
- 和领导有矛盾，被针对、被打压……
- 团队氛围不好，同事"踢皮球"不配合……

一眼看过去，好像每一种情况都应该跳槽。这几种情况我概括为"人际因素"，说白了因为公司的很多"人的问题"，所以待得不舒服，工作不开心。

但你知道吗，跳槽越跳越差的人，大多都是因为他们做出跳槽决定是由"人际关系"主导的。

相比这些人际关系问题，如何在短暂的职业生涯黄金期尽快完成履

历的升级，提升竞争力，才是更值得关注的问题。毕竟每个职场人本质上都是在和时间赛跑。拆解"人际关系"的问题，你会发现其实问题远没有想象中那么严重。比如：

领导亲小人、远贤臣，个人职业价值难以得到发挥……

作为部门"领导"，公司对他一定有考核标准。即使他"亲小人"，也一定需要有人帮他完成部门考核指标，那么我们就可以从提高"个人职业价值"入手来解决问题。

小何是某家族企业的会计，她一开始就对公司管理层复杂的人际关系感到困扰，觉得没有上升空间。但她在职的几年时间里，领导多次尝试安排"自己人"进来，这些人却始终无法取代小何的工作。某次，公司面临严重的财务问题，在管理层一筹莫展时，小何挺身而出，凭借扎实的岗位能力，帮公司解决了问题。小何也由此改变了管理层对她的看法，不久就获得了升职涨薪的机会，职业价值也得到了体现。

领导格局低能力差，不值得追随……

在管理中层及以下，就算领导格局低，所带来的影响也非常有限，远没到要考虑值不值得追随的程度，更多要考虑的是与之磨合，完成自己职场经验的积累。

小牧，某大厂运营主管，直属经理做事格局小、能力也不强，但好在工作中与小牧没有发生过实质冲突，也没有利益矛盾。通过恰当的向上管理，小牧和经理磨合得很好，逐渐摸索出一套分工配合的模式。在这套模式下，小牧的工作成绩与经理的业绩目标一致，而小牧自己也在具体工作中拥有了更大的主动权，快速完成了履历、能力、经验的积累和提升，不仅在公司内部争取到了上升通道，也获得了很多外部市场抛来的橄榄枝。

和领导的工作风格不相合……

小张,做新媒体内容岗的工作,加入某互联网公司后,发现领导过度看重数据结果,轻视内容创意。小张非常不认同这种理念,没有好内容宣传哪有爆款产品?她很想跳槽。

除了跳槽,其实她还有很多解决方法。前期她可以将自己的工作理念融入领导设定的目标中,以输出内容为主,同时加上数据来佐证效果,使自己的工作成果在向领导汇报时更容易得到认可。领导认可小张做出的成绩后,就会逐渐放手,让她有更大的自主权用自己的模式来推进工作。每个人的工作风格都有所不同,但"好的结果"是大家的共同目标,不必锱铢必较,可以通过寻找共性,多做磨合,让不同的工作风格在相同的目标下共存。

和领导有矛盾,被针对、被打压……

在讨论业务时,小美和领导产生了分歧,两人争执激烈,不欢而散。但之后1个月,小美并没有受到这次冲突的影响,仍然努力工作,做出了不错的成果。汇报工作时,领导对小美的工作成效表示满意。小美感谢了领导的肯定,并顺势解释了之前的争执只是为了更好地完成工作,同时主动打开话匣子请领导为自己的工作提出建议。在后续几个月的时间里,小美针对领导指出的问题做了改进,又将自己的进步归功于领导。领导很高兴,不仅没有为难她,反而重点提拔了她,把她当成一手栽培的"自己人"。

这告诉我们,人和人的关系是弹性的。职场更是如此,"矛盾"都是暂时的,"价值"才是维系关系的根本纽带。

团队氛围不好,同事"踢皮球"不配合……

10家公司里大概有8家公司的员工会吐槽团队配合不好。同事间因为协作而产生矛盾,是职场中无法完全避免的正常现象,哪怕在流程管理上做得特别好的企业里都是如此。

有的是"人的问题",有的则是不同部门目标存在冲突而造成的协作问题。大家都有要达成的目标,任务都很急,优先级到底给到谁,必然存在一个争取和说服的过程。如果因为同事之间的配合问题而离职,那么在新公司也依然会面临同样的问题。与其离职,不如努力提升协调沟通的能力,这才是长久之道。

看完以上这些案例,是不是发现一开始很笃定的跳槽理由,好像又不是那么回事了?

要不要待满两年再跳槽？

在真正的好机会面前，不要自我设限。

很多人都听过这样的说法：就算工作不满意，也要尽量在一家公司待满两年再跳槽，否则简历上不好看，会影响职业发展。真的是这样吗？这种说法给不少职场人带来了困扰。有的人是真的想跳槽，但因为在岗位上还没待满两年，对于离职很犹豫、很纠结。假如此时出现了更好的机会，你会为了简历中所呈现的工作稳定性而拒绝吗？万一拒绝，两年后是否还有这样的好机会呢？再者，市场是瞬息万变的，如果要强行待满两年，不仅积累不了有效经验，年龄还又大了两岁，你之前想去的行业可能环境又变了。这样考虑下来，这两年的代价是不是太大了些？

小郑的职业目标是加入世界知名的投资公司，可惜拼尽全力都没有拿到满意的offer，于是选择先入职四大管理咨询公司之一的××。在工作半年后，一次偶然的机会，他拿到了黑石集团（世界顶级投资公司）的offer。这时他有些犹豫，要不要从工作了半年的岗位上离职呢？

小郑找到我，想听听我的意见。首先，我结合小郑的个人能力，分析了黑石给的offer对应的岗位要求，预判他通过试用期的成功率很高。其次，黑石的岗位竞争非常激烈，如果当下拒绝，两年后再去应聘未必能成功。得出这两个结论后，小郑不再犹豫，马上办理了离职，加入黑石公司，计划至少在黑石工作两年以上，提高工作稳定性，未来再视情况而定。

我自己也经历过工作不到1年就离职的情况，当时我选择跳槽去了另一家平台更好的公司，帮助我加速从小公司升入大平台。所以，选择短期跳槽要有一个前提：新offer的岗位更核心或者公司平台级别更高等。这样判断的前提是对自己的职业发展有清晰的路径规划，选择新offer的目的是帮助我们提前到达下一个职业目标，而不是毫无章法地跳槽。

你也许会问，那为什么会有"待满两年再跳槽"的说法呢？

从HR的角度来说，这确实是一个筛选简历的维度，能帮助企业排除掉稳定性差的员工，降低"员工来了没干多久又走了"的风险。不够稳定，确实会降低拿到offer的概率，但这并不是公司招聘时的唯一评判标准。

我们要做的应该是：设立更高的职业目标，持续成长，同时保持看外部机会的节奏（一般是每1~2年看一轮外部机会）。如果好机会提前到来，完全可以考虑跳槽，等换到新的平台上再拉长稳定期。如果没有拿到更好的offer，那就不走，继续积累经验，拉长履历时间，等待下一个看机会的节点。如此循环，不断往上走。

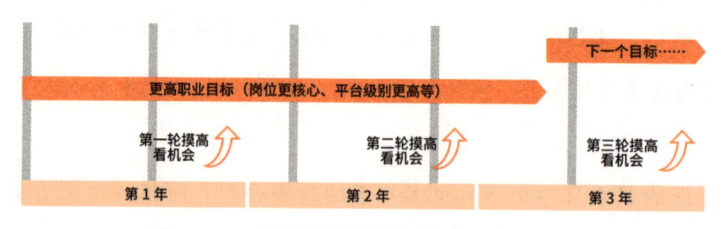

跳槽节奏与目标设定

好的机会可遇不可求，当机会来了时，要懂得抓住。

掌握自己的节奏，比人云亦云更重要！

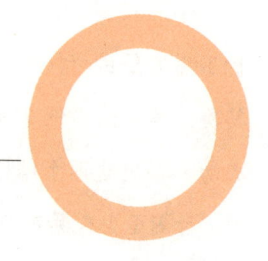

一年中的最佳跳槽时间是什么时候？

所有的统计学数字，放在个体上都可能失效。不要盲目迷信。

金三银四、金九银十，是公认的一年中的"最佳跳槽时间"。这个说法有一定的道理，但不全对。

很多公司会以每年的12月或9月作为一个财务年的结束时间，上一个财务年结束后发放年终奖。拿了奖金后，人员流动就明显多起来，空缺出来的岗位也变多了，再加上春节和大学毕业季的影响，导致三、四月份和九、十月份的时候，市场上放出来的岗位机会数量更多。

如果你只是被动地依赖招聘网站找工作，确实在这段时间成功率会相对更高一些。

但对个体来说，问题会更复杂一些。假设"最佳跳槽时间"来了，而你没准备好，也要硬上吗？还差3个月发年终奖，到底是拿完年终奖再走，还是趁最佳时间赶紧跳槽？你手头的项目节点，支不支持你这个时间离职呢？毕竟要与前雇主"好聚好散"，总不能项目没结束就撂挑子走人了。

更重要的是，如果你有心仪的目标企业，这家公司什么时候能有岗位名额是未知数，它可能会因为拿到融资，在业务快速扩张的时候突然要招人，也可能在内部出了问题后因员工离职过多而释放岗位……这些情况都说不准。从我个人经历来说，之前我面试拿到的一些心仪公司的offer，都不是发生在所谓的"最佳跳槽时间"。

在这么多因素的影响下，选择什么节点跳槽成功率更高？4个字，因人而异！

可以参考下方的跳槽节点规划表，基于个人情况，评估每一项投入的合理时间，然后整体排期，再确定适合自己的"最佳跳槽节点"。

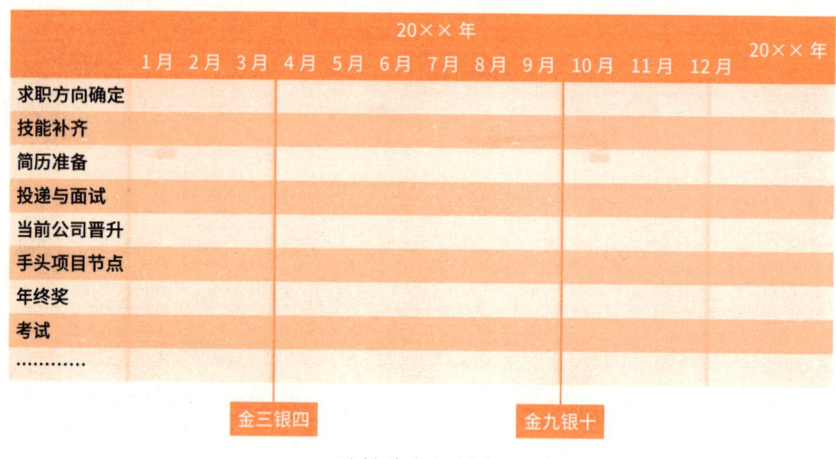

	20××年												20××年
	1月	2月	3月	4月	5月	6月	7月	8月	9月	10月	11月	12月	
求职方向确定													
技能补齐													
简历准备													
投递与面试													
当前公司晋升													
手头项目节点													
年终奖													
考试													
……													
			金三银四						金九银十				

跳槽节点规划表

比如，我之前有一次跳槽，确定求职方向、补齐技能、准备简历这3项任务预估需要3个月，结合我手头的项目节点，5月份开始投简历是比较合理的，但这个时间并不属于金三银四，也不属于金九银十。不过即使计算出来的时间节点和金三银四相差较大影响也不大，只是考虑到5月份很接近金三银四，如果能尽量提前，肯定会更好。

于是，我努力压缩了准备转行的时间，处理项目提前交接的各种情况，最后确定从4月中旬开始投简历，如果顺利，大约5月底可以离职。

但公司年终奖是9月份发,如果我跳槽成功,年终奖是肯定拿不到了。综合考量所有情况后,我认为年终奖的权重在我的这一轮跳槽中占比不高,主要目标还是找到更好的工作。至于年终奖的问题,我可以在离职时尽可能和领导沟通,如果公司能发我部分年终奖最好。即使沟通不利,我也能预先接受这个最差的情况。

所以综合规划下来,结论就是,4月中旬开始投简历。幸运的是,我最终找到了很好的工作,收入覆盖了前公司没拿到的年终奖,还涨了不少。

时间规划与决策取舍,本身就是通往高薪的重要能力,值得用心训练。

怎么判断该不该转行？

转行的思考，将贯穿职业生涯的始终。

July是一家小型新能源公司的市场品牌主管，有3年工作经验。如果只是基于行业发展的判断，以及行业经验积累连续性的考虑，要不要转行呢？答案肯定是不该转行。但实际情况是，她在看外部机会时拿到了3个offer，对比后发现如果还待在新能源行业，给出offer的同行业公司平台都比较小，反而是一家大型金融公司给了很不错的市场品牌经理岗的offer。综合所有因素对比后，我建议July放弃3年的行业积累，转入金融行业。

小敏在一家建筑行业的国企从事财务管理工作，有着12年的丰富经验。如果考虑跳槽转行，是继续待在建筑业，还是考虑去到像新能源、高科技这些行业？转行，担心没有经验，得不到用人单位的认可；不转行，又觉得当前行业的发展受限，已经接近天花板。我建议她，不要预设市场的反应，可以同时把简历投往不同行业，拿到offer后再综合比较机会。经过充分的准备，小敏最后拿到了一家不错的互联网公司财务管理岗的offer，成功转行。

该不该转行，与其陷入纠结，不如有针对性地准备，先拿offer再决定。

有人问，到了职业生涯后期是不是就不适合转行了？其实不然。

非常多企业的管理层，都来自另一个行业。比如，团购行业的高管空降社交产品公司，轮胎行业的高管空降化工企业，互联网行业的高管空降传统企业……这样的情况非常普遍。

我们在第二章提到，求职的核心是"匹配度"，而匹配度可以分拆成六大维度。在职业生涯的后期，成为资深管理者以后，管理经验的占比很高，与岗位直接相关的硬性技能占比变低。所以带着管理经验、行业了解、资源积累等软性技能，直接切换到另一个行业做管理层，也是可以很顺畅的。

在某个阳光和煦的午后，我和前管理咨询公司的领导约了下午茶，他认识我差不多10年时间了，对我的评价是："你没有舒适区，每隔两年就突破一下，这样很好。"然后他也与我分享了他人生的下一步规划，关于咨询工作之外的很多路径。

我参加《奇葩说》认识了傅首尔老师，她犀利逗趣又接地气的风格广受欢迎，很多观点金句深入人心，最近我看到她的个人简介又多了一个"编剧"的标签。我想，她也突破了自己，开辟了职业发展的新赛道。我由衷地为她高兴。

转行是个人职业发展的一种顺延，能帮你打开各种可能性，就像从演员到导演的转变，我们可以用更主动、积极、开放的态度去推动和拥抱变化。

转行面临的不一定是降薪

薪资的基础，是价值定位。

有人说"转行穷三年"，转行就意味着要从头来过，丢掉过往的经验积累，从零开始。其实这句话不完全准确。我的职业生涯经历过多次大跨度转行，并且没有因为转行降过工资（甚至还涨薪了，真不是"凡尔赛"）。我分析，主要有两个原因。

底层工作能力的迁移

将转行职位的要求，按照匹配度的六大维度来拆解，你会发现很多基础的工作能力是有共通性的。如果能充分挖掘、总结、证明，我们不仅可以转行成功，还能实现薪资水平的平稳上升。

我的一次比较大的转行是从做猎头到做4A公司的咨询顾问。如果只看职位名称，会觉得这两个行业风马牛不相及；但如果放到匹配度的六大维度中，就会发现有一些基础的工作能力是可以迁移的，比如客户管理、沟通、项目管理等。为了提升匹配度，我自己又梳理了一些广告案例以及文案相关的工作经验，来提升匹配度。总之，尽力迁移旧能力，准备新能力，提升整体匹配度。个人价值越高，薪资就越有保障。

招聘方的招聘流程

从招聘方视角来看，对待转行候选人，在定薪时也不会一刀切地压到新人的初始工资水平。招聘方的视角是，我有一个职位空缺需要招人，这个职位的要求、级别定位、薪资范围等，都是提前预设好的。我在众多候选人中选拔，如果有一个来自其他行业的候选人，确实非常合适，我就按照这个职位的标准给他发offer。薪资一般也会不会脱离这个岗位的市场水平。

招聘方甚至还会按照正常跳槽流程，审视你之前的薪资，权衡是否要给一定涨幅来综合定薪。毕竟招聘方的目的是招一个适合的人，让其稳定地完成工作。所以我之前多次大幅度转行，拿到的offer薪资并没有下降，有的甚至涨薪了20%~30%。

转行降薪一般会发生在这两种情况下

1. 职业本身处于初级阶段，是完全没有规划的新手。比如这个案例：小王毕业后做设计助理，月薪4000元，因为工作不顺心离职后，开始在网上毫无章法地乱投简历，接到的几个offer也是五花八门，如门店销售、私域运营等，并且都是门槛不高的初阶岗位。这种情况下企业给到他的薪资待遇确实都是"从头来过"的水平。

2. 做"降级"但"升维"的职业选择。"维"指的是"维度"，类似于"二维""三维"的概念，"降级"即指同一维度内层次的下降，"升维"是指上升到更高的维度，"降级"但"升维"类似"螺旋式上升"的概念，以看起来是职业发展退步的选择，换取后续能进入更高平台的可能性。比如，我的一位咨询者大铭，曾和别人合伙创业，担任一家小型公司的副总经理，月薪2万元~3万元。创业失败后，他想回到更稳定的职业状态，于是希望去大公司发展。基于个人能力水平，他将求职目标级别定在部门主管上，于是他的收入预期就顺势调整到主管的薪资水平。当然，肯定比当副总经理的时候收入有所减少，但这并不影响他实现目标。

精准定位，挖掘价值，保住薪资。

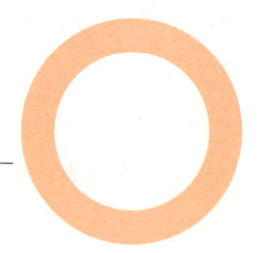

没有经验,如何成功转行?

成功跨行业的秘诀在于:先做拆解,再做匹配。

"我想转行,可是那个领域我没做过,没有实际项目经验,还能成功转行吗?"

这是横在所有转行者面前的一道难题!然而这道难题并非不可解,我们**先会说再会做**。听到这里,你可能会想,这不是在教我吹牛骗人吗?谁不会说呢,关键是入职后不会做还是会露馅啊!其实你大概率高估自己"吹牛"的能力了,何况面试官也不是形同虚设的。

我指的"会说",如果你真能达到,离"会做"也就一步之遥了。我来解释一下,什么叫"先会说再会做",本质上是**"先讲逻辑,后实操"**。这也是快速掌握新知识的捷径,适用于任何领域。

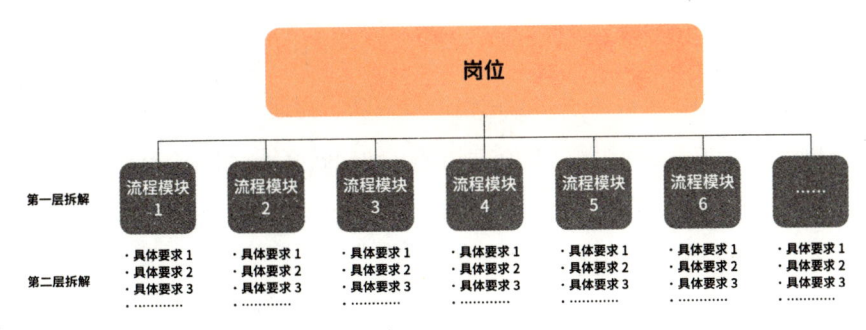

```
                          岗位
         ┌──────┬──────┬──────┬──────┬──────┬──────┐
第一层拆解 流程模块 流程模块 流程模块 流程模块 流程模块 流程模块  ……
            1      2      3      4      5      6
         ·具体要求1 ·具体要求1 ·具体要求1 ·具体要求1 ·具体要求1 ·具体要求1 ·具体要求1
第二层拆解 ·具体要求2 ·具体要求2 ·具体要求2 ·具体要求2 ·具体要求2 ·具体要求2 ·具体要求2
         ·具体要求3 ·具体要求3 ·具体要求3 ·具体要求3 ·具体要求3 ·具体要求3 ·具体要求3
         ……      ……      ……      ……      ……      ……      ……
```

拆解学习法

先搭建新领域的知识体系

转行，在没有经验的时候，先不要着急补具体的实操技能，要先搭建新领域的知识体系。

比如，一个从未有过产品开发经验的人，如何顺利转行做产品经理呢？

第一步是拆解。先针对产品经理岗的要求，来拆解这个岗位的工作流程与模块，比如用户需求分析、竞品分析、产品设计、PRD（产品需求文档）等研发文档输出、项目管理等是怎么来的？可以通过对比不同公司的JD总结得出，也可以在网上查询资料，比如"产品经理的工作职责是什么"。只要有方向与框架，查询起来就不是难事。

第二步是继续拆解。将每个工作模块都拆解成更小的模块，找到具体要求、具体案例等。比如产品经理岗的"产品设计"模块，小流程可能会涉及业务流程设计、页面流程设计、功能结构设计、低保真产品原型图设计等。把大的流程拆解成更小的流程，就会发现岗位工作中更具体的要求、难点。

很多转行的面试者，准备工作只做到第一层拆解，是远远不够应对面试的，必须拆解到第二层。

还有一些面试者，想要转行，就着急报班学习，但因为没有形成框架，学习的知识不成体系，面试也很难成功。而通过上述方法，哪怕不报班，也可以充分利用网上的信息资源，快速做好转行准备。

通过面试来检验自己的能力

自学的知识总觉得心里没底怎么办呢？准备到什么程度可以开始投简历，进行转行面试？逻辑自洽就够了，简单理解就是，你觉得差不多了，这时就可以开始给一些小公司投简历练手了。

转行做战略咨询时，我在入职后发现将面试时准备的技能运用到工作中还远远不够。但没关系，至少我面试时有完整的逻辑体系，并且展示了初步实操的作品。这就已经代表我在本轮求职时的真实水平，加上有好的面试与沟通技巧，我也赢得了面试官的认可。入职后怎么办？加倍努力，通过实际工作快速积累经验。

如果拿不到头部公司的offer，也可以基于当前实力，退而求其次先获得中等公司的offer。入职后提升实战能力，两年后再战。

如果你是对"转行"没有概念的小白，可能会问：求职咨询公司，一周就足以了解这样一个"高大上"的行业吗？想做咨询顾问，是不是得特别聪明呢？阅读到这里，希望你已经意识到了，转行本质上还是巧妙学习的过程，这种学习可以让我们在进入任何新领域的时候都能快速补齐短板，甚至胜人一筹。

先逻辑后实操，先框架后细节，是学习新事物的捷径！

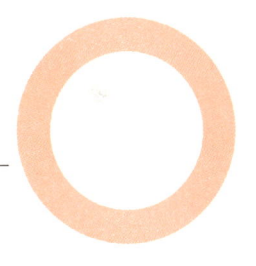

如何与领导谈离职？

好的沟通，能让我们维持良好的人际关系。

过去10多年，我离职不下5次，每一任领导至今都是我很好的朋友，我们偶尔会见面吃饭、喝下午茶。关于我的创业、人生规划，他们总会提出很多帮助和建议。我身边很多朋友也会好奇，你是怎么做到的？

很多人找公司领导提离职，对话都是这么展开的：先感谢，继而表达自己辞职的想法。如果领导以工作交接难来挽留或是阻碍，有些人就会感到犯难，只好慢慢打算，采用迂回战术，但新公司已经开始催促你入职，怎么办呢？最后没办法，只能强硬离职，闹得不欢而散，再无联系。

我的离职沟通，一般是这么做的：先充分感谢，再明确结论，最后降低损失。

充分感谢

其实"充分感谢"并不容易做到，它需要在工作中有实质性的一些配合来铺垫。这就意味着需要以工作时表现出的合作能力与心态为基础，这样表达感谢的话才能立得住，不会显得过于客套或虚假。

在表达感谢的时候，也可以捎带总结过往的成绩，让领导感知到你带来的价值对得起他过去在你身上花的成本。

明确结论

我不会含含糊糊地告诉领导我想离职，又说不清楚具体的理由。在这个问题上含糊的原因，很多时候是自己都还没规划清楚，或者只是基于对一些现状的不满，离职的意向还不是很强烈。如果按照本书前面介绍的方法，你会拥有一套强大的规划逻辑，进而可以清晰地告诉对方自己的规划，说服对方。

我记得有一次我提离职，当时的领导对我说："如果你遇到的是这么好的机会，我会支持你去。"所以坦诚沟通，才能互相信任。把握跳槽的频次，每次跳槽都以上升一个台阶为标准，对提出离职也很有帮助。人总是往高处走的，职场是一个江湖，对于强者，人们通常都会秉持"给人留一线，日后好相见"这一理念。

降低损失

离职的时候，领导通常会有两个担心，一是担心你不好好做工作交接，丢下一个烂摊子；二是担心你会带走手头的资源，以后和他成为竞争对手。

基于这两点，每次提离职的时候，都要提前有一个预判，确保有充足的时间交接工作，也保证与对接人做好交接准备。

至于跳槽去的下家，确实是比较敏感的话题。如果确定了，可以大方地告诉对方；假如还没有确定，就不要说得太具体，可以透露大概是哪些方向，领导也就会意会，不再追问了。

如果跳槽后，在新公司的工作中能创造一些与前雇主的合作价值，那就更好了，可以更好地维护与前领导的关系。

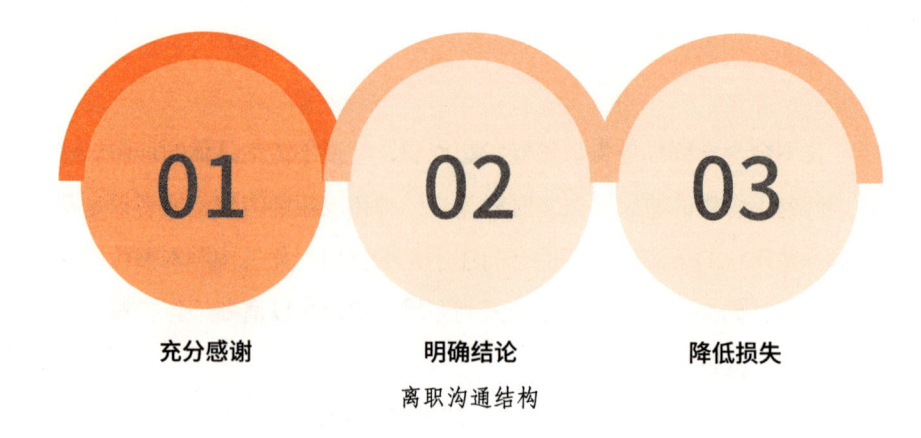

01 充分感谢　　　**02** 明确结论　　　**03** 降低损失

离职沟通结构

领导挽留怎么办？

很多朋友可能还遇到过这种情况：领导涨薪挽留，要不要留？

很多人不敢留，觉得提了离职，就是跟领导"结下梁子"了。眼下领导涨薪挽留，不过是权宜之计，只要答应留下，领导马上会培养新人，等新人熟悉业务后一脚把你踢开。有这种可能性吗？有，人性的确是复杂的。但也不必把人性想得太绝对，因为所有的社会关系都会在波动中基于价值交换达到新的平衡。

基于领导开出的筹码，把原公司作为一个新offer选项，与手中其他offer比较决定（参考"如何权衡比较，选择offer"一节的offer比较工具）。理性客观的结论，才是最有力的说服理由。

小贺是我之前的同事，她想从战略公司离职去VC（风险投资）机构。由于她出色的业务水平，当时她的领导开出让她升职一级的优渥条件来挽留她。一般来说，战略公司的初级职位两年晋升一个级别。如果她能在公司节约两年的奋斗时间，是非常有价值的，假如她两年后依然想跳槽，成功率还是很高。综合各种因素，这个新的"offer"，确实打破了她之前的选择平衡，小贺最后决定留下。经过和领导的一番坦诚沟通,领导也了解了她的职业规划路径,很认可她的价值,于是双方继续在信任的基础上完成"新一轮的合作"。

清晰的规划,是说服的前提。基于合理逻辑的真诚,是最大的必杀技。

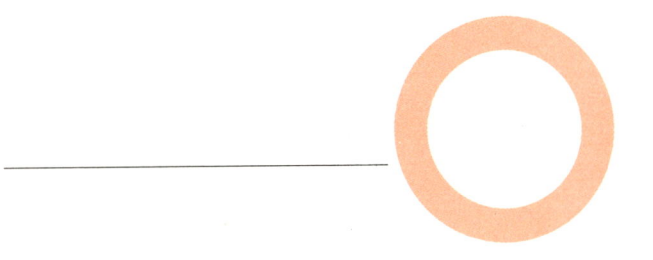

跳槽可以跳回前东家吗？

拿掉"前东家"的滤镜，它只是你备选的offer之一，但要放到最后去接触。

有很多朋友在求职时，没有拿到特别心仪的offer，思来想去，觉得跟之前的某家公司领导还保持着良好的关系，于是想着也可以回去上班（虽然心有不甘）。

但想回前东家上班的人，通常也会有一个顾虑：前领导会不会"记仇"？

就像前文提过的，所有的社会关系都会在波动中基于价值交换达到新的平衡（请牢记这句话，社会关系的本质是价值交换）。假如前公司愿意接受你回去，也就意味着这家公司算过一笔账，衡量了你的价值，觉得可以成交。至于入职之后，你与前领导的相处磨合，都是基于这个"新起点"的未知数。

我之前工作的几家公司，也经常有离职后再回去工作的员工。甚至还有一些管理已经很成熟的企业，会针对离职员工做专门维护，欢迎他们未来以各种形式与之"再合作"。

唯独有一点需要注意，即把前公司放到最后接触。

阿菲在电子制造业做质量管理的工作，有跳槽的心思后，她初步投递了一轮简历，但外部机会反馈不太好。所以她尝试性地与之前的领导沟通，恰逢前公司正好有合适的岗位机会，向她抛来了橄榄枝。但就在阿菲做入职准备的时候，她又接到另外一家公司的面试邀约，她犹豫了。

这时候拒绝前东家，是不是就不太合适了？但如果不拒绝，后一家公司的机会显然更好，放弃了会让阿菲觉得可惜。

对大多数人来说，如果有合适的机会，想回前东家工作，入职概率是比较大的，但会消耗一定的人情成本。所以注意，有这个想法的时候，先别急着找前领导沟通。比较建议的做法是，先梳理求职目标清单（参考"不确定时代下的高效求职术"一节），把前雇主放进清单列表中作为一个选项，同时找出"更好的机会"与"更差的机会"。通过成体系地投递简历，先验证自己在求职市场上的水平大概在什么位置，能拿到什么级别的offer，再决定是否要联系前东家。也就是说，联系前东家之前，就要先初步判断前东家算不算是自己本轮求职中不错的选择。一旦对方给了机会，除非有特别意外的情况，就要优先接受，避免与前东家产生信任危机。

前面案例中阿菲的情况怎么办呢？除非新offer占据绝对的优势，如果相差不大，还是建议维持原来的选择。

职场是个江湖，其中所有的关系都应当尽可能地维护好。

第七章 跳出圈层,

善于经营自己

不要在还没有遇到问题前假想问题,

先去做。

只要你顺利开启第一步,

后续的规模化就是顺其自然的过程。

开启"多轨"人生，以最低风险拉高回报

如果你想给自己的人生买一份"低风险高回报"的投资产品，这个产品一定是"第二职业"（副业）。

2020年，我从德勤摩立特离职，开始全职创业，做自媒体和职场教育。如果你对老牌外资管理咨询公司有一些了解，就会知道德勤摩立特是求职者眼中非常好的公司。可谁承想，我离职后两年左右，因为疫情和海内外局势的变化，管理咨询行业的发展开始遭遇滑坡，我曾经负责的一条热门业务线——跨境并购，受到的影响更加明显。

我不能说当时离开这个行业是非常正确的选择，但事后来看选择离开确实有一些幸运的成分在里面。众所周知，现在任何行业都正在经历变局时代下的阵痛，谁也不能轻易断言一个行业的未来如何。也可能眼下的危机，背后反而蕴藏着很大的机遇。

但对我个人来说，转行做自媒体，站在直播风口，将时间和价值持续投资在个人IP事业上，并拿到今天的成绩，我是非常满意的，而且我更愿意把这份成功归因于我的"第二职业"。

我的很多职业契机，都来源于我的"第二职业"。

2014年左右，我开始创办公众号，写职场主题的干货文章，公众号

的名字就叫"阿宝姐",算是我的个人IP雏形。从很少的阅读量,到慢慢有平台专栏邀约入驻,有媒体支付稿酬,收益最多时一个月能拿到1万元以上。不过,无论在收入方面,还是在因此带来的成就感方面,这份副业都远不如我当时的主业。所以我的大部分时间和精力仍然放在主业上,只会分配一些业余时间做这个"第二职业"。

但随着写作经验越来越多,我获得的各方面资源也变多了,并开始接到一些商业订单,帮其他人写文章、当编剧写短视频脚本。慢慢地,我又进入短视频领域。

在2019年左右,短视频的发展渐渐起势,其影响力也超过了公众号。我想,能不能把自己过去5年写的数百篇干货文章,拍成短视频口播呢?我是最早一批入驻抖音的口播达人,当时"口播"这个领域还不成熟,我没有可以参考的成熟账号,只能逐步摸索。刚开始,视频拍摄角度不够好,但因为起步早,加上前期积累了足够多的内容素材,我可以持续输出内容,保证了更新的节奏。所以很快我就找到感觉,没多久就拥有50万粉丝。后面就顺着热点趋势,嫁接到做直播、做课程产品,我的商业模式也越来越完善。

总结一下,在过去十几年的时间里,我一直保持了主业和副业两条线共同发展的状态:主业线跳槽晋升,副业线迭代升级……其间我曾尝试过离开主业,凭借副业的积累全职创业,但没能成功,于是一度又回到原来的主业工作。两条线交错行进,我也基于产出的成果不断重新分配时间、精力。一路走来,我的职业选择变多了,收益模式、抗风险能力都比单轨人生更强!

有些朋友听完我的故事会说,投入那么多时间,最后只是抓住了市场上的一个小概率风口,这个投入产出值得吗?在我看来,非常值得,稳赚!

我们可以从四个方面来算一笔账。

- 1 带来持续的机会和收益
- 2 能力复用
- 3 独有"护城河"
- 4 人生效率翻倍

开启第二职业的价值

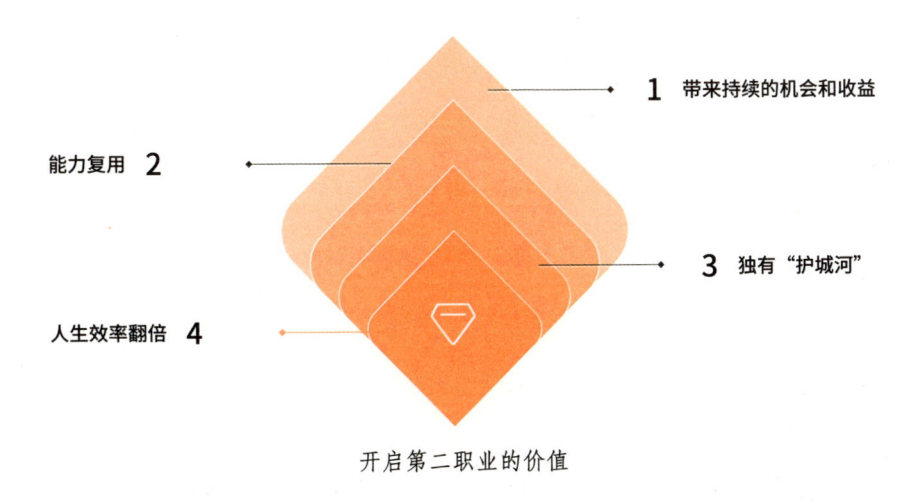

带来持续的机会和收益

开启副业后，收益和机会的出现并不会太滞后，而是会在坚持的过程中持续出现。比如，我写公众号的时候，单篇文章的稿酬是从0元开始，很快涨到100元，然后是300元、500元，一直到1000多元。后来做职业规划辅导也是一样，我的课时费也是从0元（积累案例和公益辅导）开始，随着我能力和品牌效应的提升不断增长，一直到每小时1000元甚至更高……只要方法正确，副业带来的收入是持续增长的。

随着副业经验增多，工作的机会也会快速增加。比如我离开德勤摩立特的时候，领导挽留我说："如果你就是喜欢做新媒体，也可以选择不离职，从内部转岗帮公司做新媒体。"这对我而言无疑是一个新的可选机会。除此之外，在职业规划辅导方面，外部公司邀请我去做全职讲师或者讲师管理岗的机会也很多。就这样，我利用副业积累了很多转行的能力。

能力复用

我在教学员面试和汇报要如何巧妙使用沟通技巧时，经常有学员说："这个方法我在网上看到过，但说的是另一个场景下的沟通问题，原来还可以这么用啊。"没错！基础能力在很多方面存在共性，我们有时候也会把基础能力背后的通用逻辑称为"底层逻辑"。现在的企业分工体系大多是从提高整体效率出发，更注重分工的"细化"和"深入"。但对个人来说，越是在多个维度上提升能力，就越容易找到不同能力之间共通的基础能力。基础能力不断提升，个人的职场竞争力也就随之越强。副业就是双倍提升技能的"外挂"系统。我的副业开展顺利，也得益于曾经主业中几项能力的训练：拆解目标、分析竞品、发现问题、解决问题、团队搭建与管理等。两者所需要的能力是交叉的。

独有"护城河"

我做IP创业有独有的"护城河"：我一方面擅长输出干货内容，另一方面数据分析能力也很强，不需要依赖外部的运营公司或者第三方来完成数据的复盘分析。内容输出能力和数据分析能力的结合，是我保持IP生命力的一个优势。很多时候，如果你只具备单一背景，看问题的角度就会有局限性，能力也会有边界，而跨界经历能实现1+1＞2，提升个人的综合竞争力。

人生效率翻倍

大家总在说"工作效率""时间管理"，但很多人的"时间管理"，主要是对待办事项做排序和在纵向上压缩每件事的处理时长，而副业则可以横向扩展人生的维度，让收益和人生体验翻倍。

比如，我在企业上班，解决了一个工作中的瓶颈问题，除了提升工作绩效之外，还可以把解决这个问题的经验进行整理复盘，通过自媒体或者授课的形式分享出去，于是又能额外获得几份收益。

再比如，我刷短视频和看别人直播的时候，一边从观众视角感受用户体验，一边也会琢磨对方的管理方式和商业模式。有时候，我还会从新媒体做内容的角度借鉴对方的话术技巧和营销节奏，用在我自己的直播和内容创作上。

"第二职业"促使我思考、成长。经验和能力的积累，在我身上逐渐显现出"雪球效应"，使我日渐认识到，人脑就像电脑，如果能在里面预装更多系统，读懂世界的效率就会翻倍，人生体验也会翻倍。

如果你的主业发展受到了限制，那么请感谢当下的这套职场规则体系，它给我们留下了副业这个口子，让我们多了很多主动权。

全面梳理市场上的优质副业

寻找副业方向，与寻找主业方向的底层逻辑很相似，第一步都是全面梳理。

市面上常见的副业类型可以大体分成六类，具体可以参考下图。

副业类型	变现模式	月入过万门槛	投入	风险
自媒体/内容类副业 新媒体写作、短视频编剧、词曲创作、直播、脱口秀等	粉丝广告 一次性作品买断	>1万粉丝 >1000元/篇	💰	
咨询师类副业 知识付费、心理咨询、营养咨询	咨询费/培训费	>1000元/小时	💰	
技能类副业 剪辑、配音、PPT、绘画、制作摄影、健身	作品交付	>1000元/单	💰💰	
电商类副业 开淘宝店、做社交电商	销售佣金	>20万/月销量	💰💰💰	中风险
体力类副业 做网约车司机等	每个订单	几乎达不到	💰	
投资类副业 买基金、炒股等	本金 × 收益率	>20万本金×5%	💰💰💰💰	高风险

市面上常见副业类型汇总

我们可以通过四个指标来评估一项副业是否值得去做：变现模式、月入过万门槛、投入、风险。

自媒体/内容类副业

这类副业的变现模式基本上有两种，第一种是通过优质内容，积累一定数量的粉丝，然后基于粉丝黏性接商务广告或者带货变现。粉丝数量和商业变现能力不完全成正比，有些只有1万粉丝的小博主，可能因为直播能力强，或者因为用户垂直度高，变现能力不错，也可以达到月入过万。

还有一种是优质作品被一次性买断赚版权费。比如，我之前写公众号文章的时候，有平台会支付我1000元以上的稿费来买断我的版权，在这种情况下，如果一个月努力产出10篇以上优质文章，就可以实现月入过万。如果你做的是小说、词曲创作或者编剧等，买断的形式会有所不同，收益模式也会有区别。

因为自己的"风险规避型"性格，我过去十几年基本都在做自媒体/内容类副业，这个方向风险低，除了时间精力外，基本不需要其他的投入，还能与我的主业互相支持。

咨询师类副业

这类副业的坑比较多，因为需要你先考证，比如心理咨询师证、营养师证等。可咨询师副业最大的特点就是"持证不能马上上岗"，所以很多人会觉得自己白白浪费了考证的钱。我以我多年"职业咨询师"的身份且有不错变现的经验和你分享：你需要积累较长时间的个案咨询，才有机会提升咨询费，直至月入破万。所以，在一开始积累案例的阶段，你的收益大概率很低，因为这个阶段免费咨询是更常见的形式。

考证只是入门的门槛，到真正实现变现，至少需要两年积累经验的时间。当然，证书确实会让你有机会实现"越老越吃香"。

技能类副业

技能类副业对于前期投入的要求会更高一点，大部分技能类副业都需要用到专业技术和专业设备，比如设计、摄影、配音这类副业的变现模式是"作品交付"，也就是你交付一个基于你专业能力制作的成品，对方验收通过后付费。从小白到变现的过程，有一个重要的步骤是积累作品集。你需要向潜在付费方证明你可以做出哪些类型的作品，而作品集能够最充分地证明你的"技能水平"。

电商类副业

电商类副业赚的是佣金，无论你是开淘宝店还是做社交电商，首先你需要有供应链，然后需要有电商运营能力。前期可能一个人要负责店铺维护、日常运营、后台客服等方方面面的事情，后期才可以基于规模的扩展招募人手协助分担某些工作。从收益来说，不同的行业，电商佣金水平不一样，假如你从事的行业佣金只有5%，可能至少要做到20万元以上的销售额才有1万元的收入。所以，电商属于需要衡量投入产出比的副业类型，投入需更谨慎。

体力类副业

大部分体力类副业很难实现月入过万，因为每一份收入都需要你实实在在投入自己的时间，没有"睡后收入"，对积累综合能力没有太大帮助，和主业也不容易形成互补。从长期发展角度考虑，我不太建议选择体力类副业。对很多职场人来说，最宝贵的就是时间，同样的时间，投入在前几种副业上，得到的收益可能高很多，还更有机会在某些程度上促进主业的发展。

投资类副业

投资看起来是最容易轻松实现"睡后收入"的副业形式，但需要闲置本金的投入，同时高收益也常常意味着高风险。因此，不是所有人都适合做投资类副业。我自己就几乎没有涉及金融理财板块，基于时间和精力的投入产出比考虑后，我选择了第一类和第二类副业深耕。事实证明，这两份副业的长期回报率高于市面上大多数"理财产品"，且不需要承担亏损本金的风险。

没有免费的午餐，在对的方向上积累，你一定会有成绩!

如何挑选适合自己的副业？

经营＞选择

孙雯，一名30岁+的HR，工作之余尝试过很多副业。一开始是做微商代理，失败后，又尝试过做保险经纪人，再后来考过心理咨询师、营养师、家庭教育师等职业的证书，但都没有实现满意的变现。短视频火热的时候，她又报课学习了短视频拍摄、配音、剪辑，但也没有顺利做起来，她很困惑：市面上那么多副业，到底怎么挑选适合自己的呢？

选择副业的逻辑，和选择主业的一样。大多数人都把80%的精力放在"挑选什么才最适合自己"这件事情上，却忽略了很多工作（无论主业、副业）在做深做透以后，底层逻辑有很强的共通性。所以"做"要比"选"更加重要。只要方向和方法正确，坚持做下去，你都可以拿到80分以上的好成绩。

但事实上，大多数人在做深做透之前，总是频繁更换选项，从来没有锻炼到核心能力，浪费了大把时间。兜兜转转，什么进展都没有，却还在迷茫地四处询问：我到底适合做什么？别让"不适合"为自己在认知、能力和持续性上的不足背锅。

当然，如果你读到这里，还是对要做什么副业感到毫无头绪的话，从兼顾时间效率和性格特质出发，我建议你通过以下4个步骤选择"适合你"的副业。

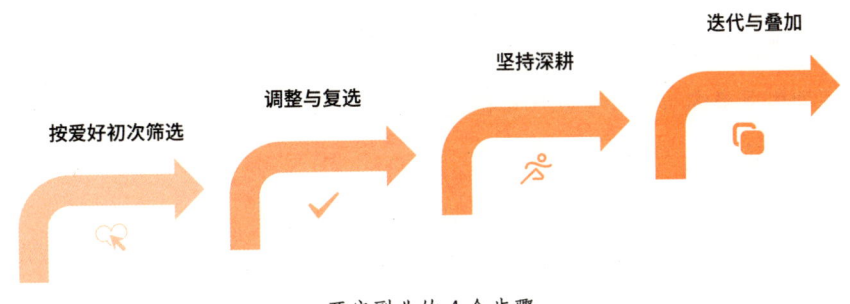

开启副业的 4 个步骤

第一步：按爱好初次筛选

在7.2的内容中，我们已经全面梳理市场上的副业类型，你自己对哪一类或者哪几类副业更感兴趣？如果你完全不知道这些副业是做什么的，可以先给自己1个月时间，深入查询资料，充分了解这些副业具体是要做什么，市场的需求分成哪几种，每一种需求做到什么程度就可以变现，那些做得很成功的人有什么经验可以借鉴……初步了解后，按爱好再选一遍。为什么要按爱好选？因为爱好是最好的动力来源。如果没有特别的爱好，那就找一个方向培养吧。

第二步：调整与复选

如果你对好几个副业都感兴趣，拿不准应该深耕哪一个，可以先选一个方向开始尝试。或者如果你已经选择一个副业方向，但做了一段时间后发现和预期差别很大，顿时又没有兴趣和动力了，这时也可以重新选择。

比如我做副业的时候，曾尝试过做电影编剧，但基于很多因素考虑，我在尝试了一段时间后还是把这个方向放下了，调整重心回归到短视频方向。算一笔账，如果你花1年时间尝试了3个副业，最后决定深耕1个，也就是说你的选择成本是1年，这个成本是相对较低和可以接受的。因为接下来你可能会投入10年在这个领域深耕、发展，就像从谈恋爱到结婚，前期的考察是必要的，不算浪费时间。

但是，如果你已经尝试了3个副业，都没有遇到你非常喜欢因而能坚持下去的，大概率不是你真的还没有遇到自己喜欢的事情，而是你缺乏深度经营一件事情的能力。这时候要做的，就不是再浪费时间去尝试，而是要沉下心来提升能力。

第三步：坚持深耕

锁定1个副业以后就要开始进入持续深耕阶段。怎么深耕呢？比如我当年做短视频账号的时候，我先把这件事拆分成了十几个步骤：选平台、找选题、写内容、拍摄、剪辑、发布文案、推广运营等。一个模块一个模块地去学习、打磨，过了一段时间后，我熟悉了全部的流程和模块，这时候我又找到要优先关注的重点：提升输出内容的能力。于是，我制订了更细的提升计划，比如围绕提升输出内容的能力，优化口播节奏，重点练习金句、开头及结尾的撰写技巧等。依此类推，一个模块一个模块地去学习、打磨，不断精进。**所谓深耕，就是将所要做的事不断拆解，反复练习，达到目标的过程。**

第四步：迭代与叠加

在短视频领域取得一定成绩后，我又开始研究直播赛道，让二者叠加发挥出更大的能量。我有一些朋友,他们一开始是做心理咨询相关的副业,积累了一段时间后发现,虽然有不错的成体系的咨询产品和成熟的咨询经验,却没有流量。为了实现营收目标,他们又开始学习短视频直播等新媒体运营方式。也有人发展副业的路径是反过来的,他们一开始通过输出自媒体内容,积累了一定粉丝量,把个人流量做得很好,但后端没有能承接和变现的产品,于是开始研究付费产品,努力实现商业模式的闭环。

所有人在开启副业的路上,都会经历这个"迭代与叠加"的过程。副业很多时候是"个人的商业模式",前端流量、后端产品需要分阶段补齐。

很多打着"速成"和"低门槛"标签的副业,其实都是坑。

"信息差"在副业这件事上是伪命题,稳扎稳打才是通关的"金钥匙"。

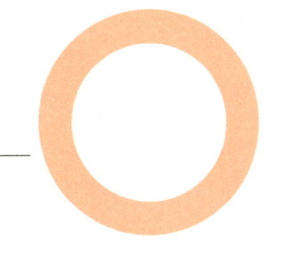

如何接单与变现？

"变现"的结果，其实早就藏在了前期准备里。

很多找我咨询副业问题的来访者，经常会问的问题是："怎么接单？去哪里能接到单？"其实无论主业还是副业，做好过程，结果自然会来。

接下来我将分享三个小故事，听完这三个故事，关于做副业如何实现从0到1再到10变现的答案就清晰可见了。

2013年左右，我开始尝试做职业发展方面的付费咨询，当时我已经有做猎头和HR咨询顾问的背景，所以我想到的最简单的副业，就是给人做职业规划和优化简历。

我先开了一个淘宝店，挂了一个商品，提供优化简历的服务，标价500元，半年下来只接到1单。在淘宝店之外，我给身边人提供无偿的职场分析和简历优化服务，逐渐地，有前同事、朋友，甚至亲戚家的小孩在找工作时来找我咨询。在这个过程中，我积累了越来越多经验和成功案例。后来我终于等来了机会，一天我帮助过的一名学生告诉我，她的中国人民大学校友开了一家求职辅导机构，问我有没有兴趣合作。那个周末，在她的引荐下，我去见了她的校友（她校友开的公司规模很小，属于初创公司）。双方聊过之后，初步的结论是先试试看。结果当天下午我就通过这家公司接到了订单，要给学员上1小时的课。这次课后，我赚到了300元的课时费。

这段经历让我意识到，**把握机会需要提前做准备**。这一次能顺利变现，得益于之前那段时间的积累。

后来，这家公司拿到融资，规模越做越大，我也逐步成了他们平台上的头部老师，课时费越来越高。于是，我又开始把一些典型的辅导案例写成文字，通过我的公众号传播，逐渐积累了自己IP的影响力。

慢慢地，我开始不限于与一家平台合作，我自己的自媒体账号每天也会收到很多订单。再后来，每个周末，我的订单都多到接不过来，我的课时费也逐渐提高到将近3000元。

这时有学员问我："你有没有更体系化的课程？"思考完这个问题后，我开始顺势做录制课，一开始录1个小时，后面变成6个小时，再到后面的20个小时的大课，50个小时的课程包……课程内容越来越系统化，交付也做得越来越完善。接着，我又组建了团队一起做，团队规模也越做越大。

看上去每种副业的差异性很大，实际上从0到1再到10的变现模式是高度相似的。

第二个故事来自我的航天工程师朋友，他工作之余喜欢健身。像很多健身爱好者一样，他会请健身私教来帮助训练某些部位的肌肉。但与很多人不一样的是，他会把学到的东西体系化地沉淀下来，并通过反复练习提升到能够教学的水平。同时，因为他和私教保持了良好的关系，私教在偶尔遇到学员太多带不过来的情况时，就会找他帮忙代教。他也借此积累了好的口碑和教学经验，逐渐有了自己固定的学员，课时费也开始不断提升。之后，他也尝试做自媒体，通过网络吸引更多客户，并且还尝试做了减肥减脂社群，业务模式变得愈加丰富，收入不断提高。

如果将"健身"这一副业换成"摄影",你会发现只是表面的内容换了,变现的底层逻辑依旧不变。

第三个故事来自我那位做市场营销经理的朋友,她工作之余喜欢摄影。她一开始的做法是去车展主动和模特要联系方式:"如果你以后拍外景或者个人形象照,我可以跟着你的拍摄团队一起去吗?我会把所有拍的图片都精修好,全部给你但不收费。这些是我的作品案例你可以参考(展示自己的作品集)。我是新手摄影师,需要多多学习的机会。"模特欣然同意。通过这样的方式,她逐渐积累了经验和作品,慢慢也开始有人从免费约拍到找她付费拍摄。

她很喜欢手办,假期也会去看演唱会,于是无论去看手办展还是看演唱会,她都会顺便拍照,并把拍好的手办或者演唱会照片发在微博上@相关官微。刚开始没有什么反馈,渐渐地,随着摄影技术越来越好,她积累了一定规模的粉丝量,开始有公司主动联系她,要给她寄送公司的手办请她帮忙拍摄。她逐渐拥有了越来越多的客户案例,收费标准也逐步提升。

等这份副业稳定了以后,她开始学习短视频拍摄、剪辑以及平面设计等技能,这样可以为客户提供更完整的"一站式服务"。工作10年左右,她离开公司成了一名自由职业者,不仅有不错的收入保障生活,也能借工作的机会四处旅游,过上了她想要的人生。

可能有人想问:有没有更快的变现方式呀?比如找到一个什么样的接单平台,注册后就能接单?答案是没有!

为什么副业从0到1不可能有捷径呢?因为副业变现的底层逻辑是,你得给用户提供有价值的产品和服务,并在和竞争对手的角逐中胜出。想想看,一个刚考完证书,经验不多,水平还很一般的人,和一个已经积累了很多经验,水平成熟的人,这两个人你会选择谁?所以从0到1没有捷径,这个过程是你在修炼核心竞争力。

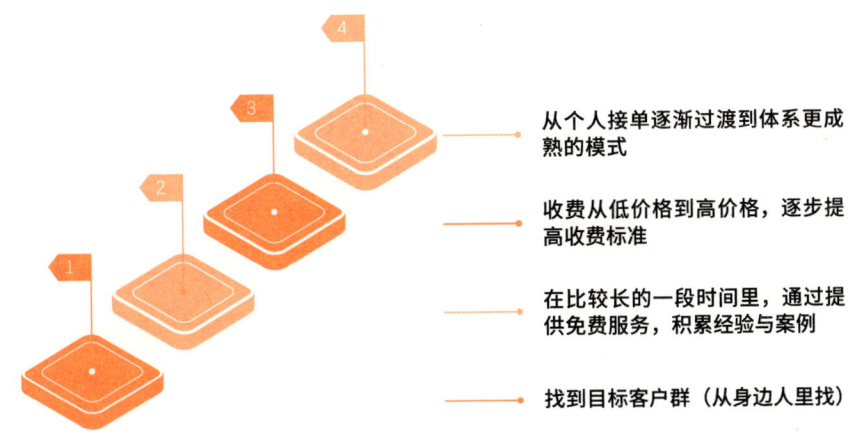

1 → 找到目标客户群（从身边人里找）

2 → 在比较长的一段时间里，通过提供免费服务，积累经验与案例

3 → 收费从低价格到高价格，逐步提高收费标准

4 → 从个人接单逐渐过渡到体系更成熟的模式

副业变现从 0 到 1 再到 10

副业变现从0到1再到10的最佳步骤应该是：

找到目标客户群（从身边人里找）；

在比较长的一段时间里，通过提供免费服务，积累经验与案例；

收费从低价格到高价格，逐步提高收费标准；

从个人接单逐渐过渡到体系更成熟的模式。

千里之行，始于足下。

不积跬步，无以至千里。

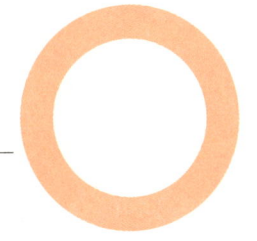

把"副业"变成"事业"的步骤

拐点的识别与选择很重要。

敏敏34岁了,在某大型企业工作,目前做到主管级别。近两年公司业务不那么稳定,目睹过几波裁员之后,她变得对业务波动很敏感,心里惴惴不安,对职场的未来没有信心。一方面觉得向上晋升压力大,另一方面又担心出来找工作竞争太激烈了。她问我:要不要先做一份副业,比如做心理咨询师或者保险经纪人?再找机会从公司离职后把副业变成主业呢?……

我没有听到她关于副业的任何规划,只感受到她想逃离的强烈心声。这种被动选择,大概率都不是开启副业的正确起点。

这种想逃离的状态,我也经历过。那可能是我过去十几年职场生涯中最浮躁的一段经历,我也付出了惨痛代价。

2014年左右,市场上做职业规划和求职培训的机构多如雨后春笋,纷纷开始抢融资。那时有不少人拿着商业计划书夸夸其谈,随随便便就融到了钱,开公司创业。而我所做的职业规划方面的业务正处于上升期,觉得人生逆袭在此一搏,便也计划着赶紧想办法拿到融资,然后离职去创业。可由于认知不够,我还不懂融到钱并不代表创业成功,融资也不一定是创业的最优途径……

我招募了大量校园代理，平均每周末跑1~2所学校做职业辅导方面的宣讲。每次宣讲会后都有学生问我怎么付费上课，可我却一心只想着做大声势，没有顾及后续的服务交付，甚至也没有时间接订单，因此没有稳定的流水收入。也就是说，那时我的整个商业模式并没有实现闭环。过了半年，融资没有拿到，我做副业的事却被公司发现了。好在我当时主业的业绩很好，最后我跟公司友好协商离职，但这件事对年轻的我来说也是沉重一击。

时间转到2019年，在短视频和直播赛道，我再次迎来创业机遇。这次我非常低调，甚至都没有注册公司，而是把重心放在努力实现商业模式的闭环上。比如我的创收有好几个途径，可以通过平台授课拿分成，也可以通过平台接广告赚广告费，为了实现商业闭环，我就都从0到1完成产品制作与交付，并不断优化流程，进而扩大规模。起初是我一个人负责全流程，后来我逐渐把一些低价值的事情外包给第三方，用低价值的时间换高价值的回报，比如找兼职人员帮我做客服、运营、销售等。

在副业发展的初期，我需要拿出部分主业工资来支付副业团队人员的工资。慢慢地，我的副业每月也可以稳定带来几万元的收入。这时候，我的副业工作再次被主业公司注意到了。但因为我业绩很好，领导给了我一个特权福利：无薪假期（保留职位）。我得以在风险最低、身后保有退路的情况下，出去尝试创业半年。过了半年，副业每月的营收没有达到我的预期，于是无薪假期结束后，我又回到公司上班。而在这个阶段，我并没有放弃我的副业，而是让它继续运营。又过了3个月，我幸运地迎来了副业发展的真正拐点，这时我才正式向主业公司提出离职。

可以发现，第二次创业时，我将风险降到了最低，却实现了收益的最大化。

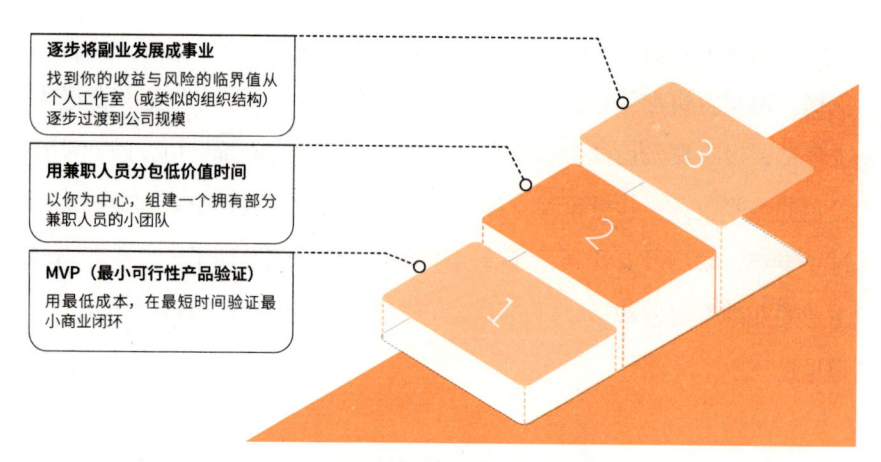

逐步将副业发展成事业
找到你的收益与风险的临界值从个人工作室（或类似的组织结构）逐步过渡到公司规模

用兼职人员分包低价值时间
以你为中心，组建一个拥有部分兼职人员的小团队

MVP（最小可行性产品验证）
用最低成本，在最短时间验证最小商业闭环

将副业发展成事业的三个步骤

从副业到事业的三个步骤：

第一步，MVP（最小可行性产品验证），用最低成本，在最短时间验证最小商业闭环；

第二步，用兼职人员分包低价值时间，以你为中心，组建一个拥有部分兼职人员的小团队。

第三步，逐步将副业发展成事业，找到你的收益与风险的临界值，从个人工作室（或类似的组织结构）逐步过渡到公司规模。

在第一步和第二步都跑通了的情况下，当副业发展成事业的拐点出现时，要不要选择走第三步？因人而异，是否走第三步与个人规避风险的意识有关。

比如我在前面的故事中讲到，在半年的无薪假期里，我的副业已经能实现每月几万元的收入，但这并不能让我有安全感，所以我选择先回去上班。但有的人可能就会有不同的考虑，觉得每月副业收入达到5000元就可以接受，毕竟风口错过就不会再来，有希望就可以搏一把。越追求稳妥的人，事业拐点来得就越晚。

一旦你选择从公司离职,把副业转成主业,就会出现更多个事业拐点。比如是做小而美的个人工作室,还是做更大规模、有更大影响力的企业?是将大部分利润用于享受更好的生活,还是将之投入再生产以获得更多未来发展的可能性?每过一个阶段,你的模式、收入、成本、个人认知与欲望都在改变,你要不断调整,但宗旨只有一个:阶段性地去做性价比最高的选择!

没有所谓的"终点",只有深思熟虑后的下一步决定。

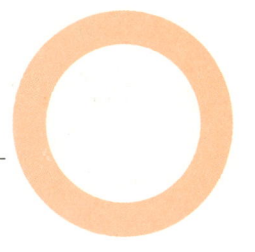

打开人生的无限可能

主业、副业皆有规则，而你我在规则之上。

我刚工作的时候，基本上是围着领导的需求转，领导让我分析一份数据、负责一项任务、找哪个部门对接一件事，我就按照他的要求去执行，偶尔执行不好还会挨批评。当时我感觉我的办公室就是我的全世界，领导的规则像一座大山压在我的头顶上。

直到我发现了一条更高的规则——市场价值的规则，我开始学会运用它，并使之超越"领导的规则"。我的人生也由此迎来第一次突破。

领导的规则
市场价值的规则
个人投入产出的规则
宇宙的规则

凌驾于更高的规则之上

这个规则是我在 Mercer 上班的时候发现的。在这家全球顶级的人力资源咨询机构，我负责的是薪酬方面的业务。我发现原来职场人的价值标准，不是由一家公司的领导决定的，市场上存在着一套适用于不同公司的价值规则，比如每个岗位的硬性技能要求，员工的逻辑分析与沟通能力等软性技能要求，不同岗位职级所需的管理能力要求，等等。这也是我们可以顺畅实现在企业间跳槽的底层逻辑。

除了这些价值标准之外，对应的工资水平也有市场参考值，行业×岗位×公司×职级×城市是薪酬坐标（见本书第一章）。比如，套用这个坐标体系，电商×运营×大厂×主管×北京，一个在北京负责电商运营岗的大厂主管的税前年总收入为30万元左右。这个数字不一定非常精准，但至少是个可以参考的范围。如果他想提高收入，就要通过自学等方式提高自己的职业硬技能和软技能，尽快达到更高一个职级的能力和素质要求，提升自己的市场价值；再通过跳槽（包括行业、岗位的转换）和晋升，实现岗位薪酬体系的整体改善，这样收入也就自然升高了。"

当我将这套"市场价值的规则"置于"领导的规则"之上后，我开始定向积累能力和主动调整职业规划，尽可能把每一分钟时间都花在刀刃上。于是我的收入提升很快，也找到了对工作的掌控感。

过了几年，我所面临的规则又变了，因为我做副业了。我利用业余的零散时间做自媒体，随着副业收入慢慢提升，我开始思考，要不要多花一些时间到副业上？基于此，我开始重新分配时间，并意识到了一条新的规则——"个人投入产出的规则"。所有时间都是属于我自己的，我要怎么利用它？在主业、副业、生活之间，我怎么分配时间能让投入产出比最高？比如，有一次我接到一个写剧本的商单，需要在第2周交大纲，我请了7天年假（按照当时的薪酬算，7天年假也是不低的成本）在家写剧本。我投入了时间，是因为我认为这是一个能链接未来的机会，我愿意为之买单，而且我也可以在此过程中收获一份新的人生体验。

随着副业占用的时间增加，我开始用主业收入招聘兼职人员，帮我分担一部分基础工作。这样我空出来的时间一方面可以花在主业上，继续提高业绩；另一方面也可以花在家庭生活中，获得自己想要的生活体验。至此，我对价值有了自己的定义，对时间也有了自己的掌控方式。

有一句很火的网络金句——世界就是个巨大的草台班子，说出这话的人是马斯克，一个规则的"破坏"者。他打破的不是个人规划的规则，也不是市场与经济的规则，他试图打破的是人类与宇宙的规则。他在电动汽车领域的成就只是起步，推动火星移居计划、火箭制造、脑机接口技术研发等，这些事情的背后是人类永生的主题。尽管人们对马斯克的评价褒贬不一，但在我看来，他敢于"打破规则"这件事情是可以借鉴的。此外，通过打破前面几层规则，实现收入增长与价值提升，我们会获得一些主动权，进而很容易被眼前的良好状态所蒙蔽。努力的意义究竟是什么？什么时候应该扳下暂停键，让自己放弃一些物质层面的东西，去实现更大的人生意义？比如，未来我很想做关于人类心智层面的事情，我现在在做的自媒体和职场课程，可能只是很小的切入口。

华尔街之王苏世明说过，做大事和做小事的难易程度是一样的。这句话蕴含着一条最底层的规则，我把它称为"宇宙的规则"，那就是远大目标并非不可实现，无论是什么样的目标，使之落地的方法都是一样的：拆解目标、组合资源、解决问题。所以掌握最后一条规则，你就有机会打破既定的思维习惯甚至是整个社会约定俗成的价值观，做到任何你希望做到的事情，奔向无尽的宇宙，激发无限潜能。

每破除一层规则，你的能量场就会提升一格，你也会找到和年龄对抗的那个力量。

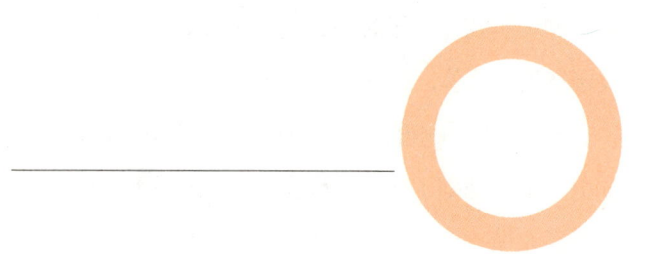